ナショナリズムの克服

姜尚中　Kang Sang-jung
森巣博　Morris Hiroshi

a pilot of wisdom

目次

ですか？
▼「国体」ナショナリズムの形成――本居宣長から、一九四五年の敗戦まで
▼「国体」ナショナリズムの温存――一九四六年の「年頭詔書」
▼経済ナショナリズムの誕生――敗戦から冷戦崩壊までの日米談合体制
▼経済ナショナリズムは、かえって、ナショナル・アイデンティティを社会の隅々にまでゆきわたらせたのではないか？
▼姜尚中教授による、九〇年代ネオ・ナショナリズムの総括
▼森巣博が提唱する「ちんぽこ」モデル――戦後日本の、数多くの日本論・日本人論を素描してみよう！
▼九〇年代日本のネオ・ナショナリズムが、意外に手ごわい理由――ナショナリスト自身が、国家をフィクションと認めてしまうなんて!?
▼日米談合の知の枠組みをいかに越えるか――カルチュラル・スタディーズの三〇年遅れの紹介と、ハリー・ハルトゥーニアンを知らない日本文化研究者

第二章　知られざる在日韓国・朝鮮人二世の青春
――経済ナショナリズム体制下の、姜尚中の個人的体験――　82

▼ナショナリストは、誰も日本人とは何かを教えてくれない――一九七〇年一一月二五日、三島由紀夫自決事件
▼アイデンティティという言葉の意味を、ここでガッチリとおさえておこう！

◎森巣博から姜尚中への招待状

姜尚中先生
東京大学社会情報研究所教授

冠省。南半球から北半球への手紙では、時候の挨拶を省けるので、ありがたい。とはいえ、私はTシャツ、ショーツ姿となり、ビール壜《びん》を片手に裸足でシドニーのビーチを歩いております。こりゃ、時候の挨拶の一種でしょうな。

日本の出版業界の悪習、年末進行は、左足で片付けました。さあ、これから集中した博奕《ばくち》だ、と意気込んでいたのですが、どういうわけか、あまり思わしくない。多分、気合いが入りすぎていたのです。これを意気込みとは言わずに、イレ込みと業界では呼びます。情けなし。

毎日毎日グリーンの羅紗《ラシャ》が張られた勝負卓上でお金を溶かしつづけているのもバカらしいので、しばらくの間、サウスコーストで休養し、ササ針治療でも受けようか、と考えております。

唐突で恐縮ですが、どうです、姜さんもサウスコーストに遊びにきませんか？　五〇人程度なら快適に暮らせるような大邸宅を用意しておきましょう。

また前回の滞在では、「僕は天草少年です」と言いながら潜ってスカ、「熊本は海の傍で育ちました」と言いつつ釣ってはボーズ、という大変な失態を姜さんはオーストラリアで曝《さら》したわけですが、その名誉を回復する良い機会ではなかろうか、と考えます。なんなら、一流のシェフも雇っておきます。潜ってアワビ、釣って大鯛、と楽しんでいただきたい。

私は、膝まで水に浸かれば、アワビは一〇キロ、潜れば、大伊勢海老、船を出せば、大物を攻めずアジ、キス、サヨリ狙いという偏屈な人間なので、食卓は大変豊かなものとなるでしょう。それに、ペタルマのシャードネーとキャビネーを沢山用意しておきます。

姜さんの最近のご高著、『ナショナリズム』（岩波書店）および『東北アジア共同の家をめざして』（平凡社）を拝読しました。深く感銘を受けた素晴らしい本です。と同時に、いくつか姜さんにご質問したい箇所も発見したのです。『ポストコロニアリズム』（作品社）も、もうすぐ刊行されますね。

どうでしょう、姜さん。自らの両掌で獲った海の幸をたらふく食べながら、「酒池肉林」はいろいろと差し障りがあるので、「酒池清談」でもしてみませんか？

お忙しいのは百も承知。

しかし、ヒトは遊ばないとバカになります。もっとも、私みたいに、遊んでばかりいても、やはりバカになってしまうのでしょうが。

九・一一[1]以降、過密なスケジュールがつづいていることだと思います。ここで、すべてを放り投げて、ちょっとひと休みするのは、悪い考えではありますまい。充分にバッテリーを充電してから、文化的思想的経済的政治的社会的閉塞状態にある日本を、また姜さんの明晰な頭脳で斬りまくってください。

Nくん（息子さん）、Rちゃん（娘さん）、Mさん（夫人）もお連れ下さると、尚更よろしい。まだ学校は休みに入っていない、などというのは言いわけになりませんよ。親と一緒に旅する以上の教育があるはずがないのですから。

そういえば、NくんもRちゃんも、大きくなったでしょうなあ。Nくんには、私がそろそろ博奕の手解きをしてもよろしい。手に職を付けるのは、これからの社会で、重要なことだと感じます。

実現すれば、とても嬉しいです。

個人的なことでのご相談もございます。

どうぞよろしくご検討ください。

時に、「冠省」で始まる手紙は、何と結べば良いのでしょうか？　日本を離れて三〇年、どんどんと言葉を失っていきます。

二〇〇一年一一月二五日

森巣博拝

◎姜尚中から森巣博への返信

博さんへ

前略、お手紙ありがとうございました。

博さんがおっしゃるように、このところ仕事が立てつづけに入り、本当に休暇どころではありませんでした。テロについては近刊の『ポストコロニアリズム』の序文や、「思考のフロンティア」シリーズの最終巻『思考をひらく——分断される世界のなかで』（岩波書店）、それに、藤原書店の季刊誌「環」でやった、キャロル・グラック[2]や和田春樹[3]とのメールによる鼎談《ていだん》でも触れました。

しかし、ご指摘されるまで意識していなかったのですが、もしかしたら、心身ともに少々疲労気味なのかもしれません。サウスコーストでぼんやりするというプランが、とても魅惑的に思えてきました。

ちょうどその時期、仕事に切れ目ができるので、久しぶりにお会いしたいですね。まだ確約はできませんが、一二月上旬の何日間かなら、もしかしたら時間が取れるかもしれません。調整次第、またご連絡いたします。

草々

二〇〇一年一一月二六日

姜尚中

追伸、ところで、個人的な相談事とは、一体、何でしょう。博さんが相談事なんて、珍しいですね。

◎森巣博から担当編集者への手紙

担当編集者Oさま
集英社新書編集部

おおおい、大変だあ、大変だあ。

大兄から依頼があった「ナショナリズム批判」にかかわる本について、良いお知らせがあります。

なんと、東京大学社会情報研究所のあの姜尚中先生が手伝ってくれることになりました（とは言っても、まだ承諾は得ていない）。

でもまあ、私の仕掛けにまかせてください。きっと姜先生からOKを取って見せます。伊達に「張り取り」だけで、三〇年間、糊口《ここう》を凌《しの》いできたわけじゃないのですから。

多分、「ナショナル・アイデンティティ」を中心とした対談になると思います。タイトルは、「東大教授、豪州博奕打ちに会いに行く」なんてのは、どうかな？

こりゃ、売れますよ。

ただし、経費がずいぶんとかかります。三〇〇万円ほど、至急、ご送金ください。

厭ならいいんですよ。私はこの話を幻冬舎に持っていき、あそこの「天才編集者」Sさんにベストセラーにしてもらいます。

ご返事は不要です。

私の口座に三〇〇万円相当が振り込まれていれば、「イキ」、振り込まれなければ、「トル」としましょう（註・「イキ」は「そのまま」、「トル」は「削除」という意味の編集用語）。

そして、「トル」となったら、私はあなたと、終生、口をききません。よろしく。

森巣博拝

二〇〇一年一一月二六日

SouthCoast, Australia

第一部　ナショナリズム／自由をめぐる対話

——東大教授、豪州博奕打ちに会いに行く

（二〇〇一年一二月七、八、九日／オーストラリア、サウスコースト某所）

序章　石原慎太郎の「中国人犯罪者民族的ＤＮＡ」発言を容認してしまう空気は何か？

▼森巣博、チューサン階級を代表し、九〇年代になぜ、日本万歳な人たちが増えたのかを質問する

森巣　西暦二〇〇一年一二月七日金曜日。われわれはオーストラリアのサウスコースト、ベイトマンズ・ベイの崖上にある豪邸で、穏やかな顔でジェイムズ・ボーグ（タスマニア島の高級ビール）を飲んでおります。

　気温は摂氏二七度、湿度は三六パーセント。きわめて快適です。崖下には潮騒、太平洋を吹き抜けた爽やかな潮風が頬《ほお》の火照《ほて》りを優しく冷やす午後三時。湾内には、五、六頭のイルカが回遊しております。

　そういえば、この前、吉見俊哉《よしみしゅんや》(1)ご一家がここにいらっしゃったとき、皆でビーチを歩いていたのですが、ほんの一二、三メートルのところに突然七、八〇頭のイルカの集団が現れ、肝をつぶしたことがございます。
吉見さんのお子さんたちは、この世のものとは思えない光景に、口を開いてただあ然としておりました。Ｃさん（夫人）は、絶句。
まあ、私は、ここでエクスタシーを一発決めれば、地上の楽園が出現する、などと不埒《ふらち》なことを考えてしまうのですが、天下の碩学《せきがく》を目の前にして、そういうわけにもまいりますまい。
姜さんが、寒風吹きすさぶ東京に戻ったあとの、私の密かな楽しみとして残しておきましょう。
姜　テープレコーダーを持ち出して、博奕打ちが、何をたくらんでいるのかと思えば（笑）。
森巣　というわけで、東京大学社会情報研究所の姜尚中教授が、対談のために、わざわざオーストラリアまで博奕打ちを訪ねてくださいました。少々緊張しております。
姜　はい（笑）。
森巣　つまり、こういうことです。私が昨年（二〇〇〇年）に『無境界家族』（集英社）を出したとき、勘違いされて、どういうわけか新書の依頼が三件ありました。しかも、そのうち一件は、『無境界家族』全編に通底する、「日本、あるいは日本人という概念への根源的な違和感」に焦点をあててほしい、というものでした。何と、この私めに、本格的なナショナリズム批判の書を書けというのです！　しかし、私は、新書というのは知識を一〇〇持っている人が一〇書くからおもしろいのであって、私みたいに知識が一〇の人間が一〇〇に見せかけて書いてもおもしろくないというふうにお断り申し上げました。もっとも最近では、無知蒙昧な連中でも平然と新書を書いているのですが。あれはいったい、どうなっているのかな。まあいいや。それなら、知識も見識もある姜さんのような方に「チューサン階級」の視点から質問しまくる一冊なら可能ではないか、という話になりまして。

姜　チューサン階級？

森巣　中三階級。中学校三年生程度の知識レベルとご理解ください。

姜　本当にもう（笑）。

森巣　しかし、メールで「個人的なことでのご相談」と書いたのも、あながち、姜さんを対談に巻き込むための前振りだけでもないのです。いずれお会いする機会があれば、是非ともお伺いしてみたいことがありました。

姜　といいますと。

森巣　今年、二〇〇一年の五月八日付の産経新聞に、石原慎太郎(2)都知事のコラムが掲載されましたね。

姜　ああ、僕も読みました。

森巣　ご存じのように、「日本よ　内なる防衛を」と題されたそのコラムの内容は、実に、驚くべきものでした。

姜　あれはもう、レイシズム（人種差別）。

森巣　明らかな人種差別だと思うんですよ。まず、石原慎太郎は、凶悪な手口の犯罪を中国人が行ったと冒頭で紹介したあとに、つづけて、「こうした民族的ＤＮＡを表示するような犯罪が蔓延することでやがて日本社会全体の資質が変えられていく」と、公共の場で言い切ったんです。さらに、結びの文章は、「将来の日本社会に禍根を残さぬためにも、我々は今こそ自力で迫りくるものの排除に努める以外ありはしまい」。まあ、勃起した粗末なちんぽこで障子紙を破いたという作品（『太陽の季節』）で著名になった人間が政治の世界に進めば、ロクなことは起こらないと、密かに憂いていたのですが、それがまさに現実化した。

姜　信じがたい発言でしたね。

森巣　これは、冗談なんかではなく、オーストラリアの国家予算よりも大きい金額を動かしている地方自治体の、紛れもないトップの公共の場での発言です。

姜　そういえば、サイード[3]が、ニューヨーク市長のジュリアーニをちょっと馬鹿にしながら誉めてたけど、昨年の「九・一一」直後、彼は、次期大統領候補を睨《にら》んで、一生懸命頑張るわけですよ。ジュリアーニは右派の政治家ではありますが、そんな彼でも、アラブ系の人が迫害を受けるかもしれないという懸念を、建前上、表明したりするわけです。だから、これがもしもアメリカだったら、石原慎太郎は辞めなければならなかったかもしれない。

森巣　いや、刑務所です。明らかに、レイシズムを称揚する発言だとして。塀の内側で、永い間しゃがまなければなりません。

姜　ジュリアーニ市長にしても、ホームレスや少数民族を外部に押しやることで、ニューヨークをクリーンにしたと思うんです。その彼だって、あの「民族的ＤＮＡ」などといった過激な発言はしていない。

森巣　石原慎太郎は、その一年ほど前の二〇〇〇年四月九日、陸上自衛隊第一師団の式典で、「三国人」発言もしています。「今日の東京を見ますと、不法入国した多くの三国人、外国人が非常に凶悪な犯罪を繰り返している」でしたか。姜さんは、石原発言に敏感に反応されて、即座に、宮崎学氏[4]との対談集『ぼくたちが石原都知事を買えない四つの理由。』（朝日新聞社）を出版されましたね。

姜　今回の「中国人犯罪者民族的ＤＮＡ」発言は、「三国人」発言よりもはるかに悪質です。ところが、なぜか、そうした発言に対して、メディアは急速に鈍感になりつつある。

森巣　私が気になったのは、まさに、その点なんです。なぜ、石原発言は野放しのままなのか。ルペン[5]やハイダー[6]のような政治家を日本のメディアは極右と呼ぶならば、なぜ、石原慎太郎を極右と呼ばないのか？　ルペンやハイダーでさえ、公共の場では石原のような発言はできないでしょう。冗談抜きで、「人種差別扇動・助長行為」として起訴されて、本当に、刑務所の中でカンカン踊り（身体検査のため、すっ裸に剝かれ、両腕を頭上に挙げてばたばたと足踏みさせられること）をしなければならなくなります。これについては、いつかどこかで、徹底的に批判しなければいかんと思っているんですよ（「政治家『極右』と呼ぶ基準は何か」／「朝日新聞」二〇〇二年六月二日）。

姜　それから、九・一一後、九人のアフガニスタン国籍の男性が、難民認定申請中に不法入国などの疑いで法務省入国管理局に収容されるという事件が起きました。そのうちの四人は、結局、国外退去処分になってしまったんですが、不思議なことに、それがベタ記事なんです。

森巣　その一方、小泉純一郎は、ショー・ザ・フラッグ！　と、口から泡を飛ばしながらブッシュに呼応して、明白な憲法違反を犯してまで自衛隊を派遣しようとしている。日本の外交官も、まったくだらしない。「ショー・ザ・フラッグ」とアメリカ政府の高官に頭ごなしに言われたら、黙ってそのとおりにやってしまう。そういう際の「正しい対応」は、「セイ・プリーズ」とたしなめるものです。英語圏でそれなりの躾《しつけ》を受けた者なら、誰だって、そう応える。

姜　そうですね（笑）。アフガニスタンをどうするのかとか、有事法制(7)の是非をめぐる議論に日本中が巻き込まれている中で、たった四人の難民が、日本社会から拒絶され、ひっそりと強制退去させられてしまう。その矛盾は、一度みんなの眼前に提示されれば、誰にでもわかるはずなのに、メディアは取り上げようとしない。

森巣　なぜなんでしょう。

姜　先ほどの石原慎太郎の発言に関しても、それをしかめっ面で聞いたり、嘲笑する人もいますが、総体として容認してしまう日本社会の価値観そのものに、特に、アジア系の人に対するレイシズム的感情が、形を変えて残っているのだと思います。しかも、多くの日本人は、ヨーロッパやアメリカには人種差別があるけど、自分たちには人種差別の伝統がないと思ってるから、非常に無防備にレイシズムが表に出てきてしまう。

森巣 ただ、私は、もう三〇年近くを海外で過ごしていますが、今でも一年に二回ほど、春と秋に、日本を「訪ねる」わけです。そうすると、もう、普段接する機会がないだけに、日本社会やメディアの感覚麻痺が急速に進行していることが、否応なくわかる。レイシズムへの無防備性はもともとあったことかもしれませんが、その感覚麻痺が、近年、ますます深化しているような印象を受けるのです。

姜 おっしゃるとおりです。

森巣 セキュリティや国益を声高に語りながら、日本人以外の人間を、あまりにも安直に、視界の外に追いやろうとする空気そのものに対しては、非常に危険なものを感じます。誰もが、その空気に慣れすぎてしまっているのではないか、と。

姜 九〇年代以降、誰もが躊躇《ちゅうちょ》せずに「国益」という言葉を使用することができるようになったのは、確かですね。

森巣 おそらく、これは、グローバリズムと深いかかわりがあることだと思います。欧米各国では、増加しつづける移民に対する不安や、グローバル化による経済構造の激変を背景に、外国人犯罪の防止や自国民の労働雇用の創出をかかげて登場した極右ナショナリズムが、とくに九〇年代になって猛威をふるいました。

姜　日本の場合も、確かに、その流れの一部と言えますね。

森巣　要するに、グローバル化の結果生じたもろもろの混乱や不透明な不安感の原因を、「三国人」や「中国人」という少数者に押し付けることによって「可視化」し、一刻も早く安心したいという、安直な雰囲気があるのではないかと思うんです。それが、いわゆる九〇年代に突如として出現したかに見える、ネオ・ナショナリズム（今どきの日本万歳主義）の背景に横たわっていたのではないか、と。

姜　なるほど。

森巣　本格的なナショナリズム批判の書を書いてくれ、という依頼に乗る気になったのも、そうした分析が背景にあったからです。そして、この問題について深ーく考えるためには、是非とも、姜先生のお力をお借りしたい！

姜　……はい。

森巣　ありがとうございました！　では、早速、対談に移らせていただきたく思います。ただし、この対談のための経費を三〇〇万円送金せよ、と依頼したのですが、担当編集者は意味がわからなかったようです。何も送ってこなかった。「少年ジャンプ」であれだけ儲けている集英社ともあろうものが、まったく情けないことです。したがいまして、姜さん、全力投球する必要はございません。姜さんに全力投球されたら、受けられるキャッチャーがいなくなってしまうのですから。力をセーヴしてくださっても、いっこうに構いません。

姜　ははははは。

森巣　まず、担当編集者が片付けてほしいというのが、九〇年代日本のネオ・ナショナリズムの問題だというのです。チューサン階級的に質問すれば、日本の凋落《ちょうらく》がこれほど明確に見えだしたとき、臆面もなく日本万歳と叫ぶ人たちが、最近になってなぜこんなに増えたのか、という点です。確かに、九〇年代日本の言論界では、小林よしのり[8]の『新ゴーマニズム宣言SPECIAL戦争論』（幻冬舎）や、西尾幹二《にしおかんじ》[9]らの「新しい歴史教科書をつくる会[10]」、加藤典洋《かとうのりひろ》[11]の『敗戦後論[12]』（講談社）をめぐる論争、「日の丸君が代」法制化、有事法制や憲法改正論議等、以前では考えられないくらい、ナショナリズム的言説が横行しています。

姜　ナショナリズムが、政治的言説として一気に噴出してきたのは確かですね。

森巣　ところで、このナショナリストたちというのは、まっとうな批判には、決して応えない。まあ私は、あちこちで喧嘩を挑んでは、逃げ回られているのが実情ですが。

姜　博さんは『無境界の人』（集英社文庫）や『無境界家族』で博奕や家族の物語を書きながらも、常に、日本の日本論者・日本人論者を批判されてきましたね。

森巣　私事で恐縮ですが、私は、一九七一年に後楽園競輪場で大勝利を収め、それまで勤めていた出版社を辞め、以来、三〇年間、世界中の賭場を転々としてきた一介のチンピラにすぎません。そんな者の批判に、「学者」たちが逃げ回るのです。

姜　オーストラリアに移住されたのは、一九八一年ころでしたか。

森巣　今から二〇年ほど前です。その前は英国に住んでいました。それから現在にいたるまで、「張り取り」と主夫と子育てという気ままな暮らしをつづけてきました。そのあたりの経緯は、『無境界家族』に書きましたが、ずいぶん永い間日本を離れていたために、かえって日本や日本人について考えることが多かったのです。しかし、ルース・ベネディクト[13]の『菊と刀』や、和辻哲郎《わつじてつろう》[14]の『風土』を皮切りに、暇に飽かせて読みまくった膨大な日本論・日本人論のどれに対しても、違和感を覚えるばかりでした。第一、どの著作も、論の骨格であるはずの肝心な「日本」および「日本人」の定義を、非常にあいまいな形で処理しているんです。

姜　共通しているのは、「日本（日本人）は、どこか特別なんだ」という漠然とした自意識です。

森巣　「日本人」が、必ずしも日本国籍を有するいわゆる「日本国民」でないことが大変やっかいです。例えば、日本に帰化したヨーロッパ系の人々は、いつまで経っても「ガイジン」と呼ばれます。では、「日本人」を「日本人」たらしめているものは何か。そこで持ち出されるものは、「純血」や「ヤマト心」、あるいは「万世一系の天皇制」など、どれもまったくつい最近の想像物、捏造《ねつぞう》物の根拠ばかりですよね。

姜　ええ。

森巣　では、そもそも「日本」あるいは「日本人」とは、いったい何なのでしょう。そのことをみんなが一度突きつめて考えるだけで、少なくとも、排除、差別に根差した日本万歳を叫ぶことはできなくなるはずです。というわけで、「ナショナル・アイデンティティ」とは何か、「どこかの国に帰属する」とはいったいどういうことなのか、あるいは、「ナショナル・アイデンティティ」なんてものは本当に存在するのか、という問題意識のもとに『無境界の人』と『無境界家族』を書きました。それを徹底的に解体することこそ、もっとも有効なナショナリズム批判なのではなかろうかと、チューサン階級なりに私は考えたわけです。

姜　ご謙遜（笑）。

森巣　しかし、私は、三〇年以上もいわゆる無境界な生活をしてきただけの人間ですから、知識の部分での重大な欠落があります。むしろ、私の実践から出てきた素朴な疑問を、姜さんに理論的に説明していただくような流れで進めることができれば、ナショナリズム批判は結構うまくいくのではないかと考えました。そこで、まず最初にうかがいたいのは、姜さんのご著書『ナショナリズム』のことです。というか、ぶっちゃけて言えば、このご本の内容を、通勤電車の車内でスポーツ紙を読むオッさんたちにも理解できるように語ってほしいのです。

姜　一冊分のダイジェストですか！

森巣　枚数に制限があるので、できるだけ簡潔にお願いいたします。しかし、これは必要不可欠な作業です。というのも、この『ナショナリズム』という本は、九〇年代日本のネオ・ナショナリズムが、単なる一時的な現象などではなく、第二次大戦以前に捏造された「国体」という、実に怪しい概念（日本型ナショナル・アイデンティティの源）と地つづきのものであることを明らかにしているからです。排除と差別の思想で臆面もなく日本万歳を叫ぶ人々は、どのような形で現在まで延命してきたのか。それでは、姜先生、しばしご講義ください。ちなみに、印税は半々で誠に申しわけありませんが。ははははは。

姜　ああ、すごいことになってきた……。

第一章　姜尚中教授の特別課外授業スタート！
講座名はズバリ、「日本ナショナリズム小史」

▼姜尚中、二〇〇〇年五月の「神の国発言」をきっかけに、日本型ナショナリズム＝「国体」ナショナリズムについて、考えはじめる

姜　『ナショナリズム』を書こうと思ったきっかけは、森喜朗《もりよしろう》の「神の国発言問題」でした。二〇〇〇年五月一五日、森首相が神道政治連盟国会議員懇談会結成三〇周年祝賀会に出席した際に、「日本の国、まさに天皇を中心にしている神の国であるぞということを、国民の皆さんにしっかりと承知をしていただく」とスピーチしたことで、各方面から、主権在民という日本国憲法の精神に逆行する発言だと総攻撃を受けました。覚えていらっしゃいますか。

森巣　ええ。

姜　そのとき、この「神の国」という言葉がものすごく引っ掛かったんです。そこで、その全文を新聞で読んでみると、実は、巷間に言われているような目茶苦茶な内容ではないし、分析してみるとかなりおもしろい面があるのではないかと思いました。そのうちに、彼があのとき本当に言いたかったのは「神の国」ではなく、むしろ「国体」のことだったのではないかと薄々感じるようになったんです。そしたら、六月三日になって、森喜朗自身の口から、「国体」という言葉が出てきて、さらに傷口を広げてしまいました。

森巣　失言の総合商社みたいな人でしたな。姜さんに叱られるかもしれないけれど、実は私はこの人を評価しているのです。日本のシステムおよびそれをかたちづくっている日本の教育を見事に表象したからです。

真偽のほどは定かではないのですが、いかにも森喜朗らしいエピソードがあります。日本では、ほんの一部の雑誌で報道されただけだそうです。新聞、テレビはほとんど無視しました。日本の新聞、テレビというのは、一種の談合ジャーナリズムでして、決して報道しないことも多いのです。とりわけ、政治部、社会部ではその傾向が強い。談合ジャーナリズムの最たるものは、「記者クラブ」の制度なのでしょう。

以下は英語圏のメディアで流された、森喜朗のエピソードです。私は感涙に咽《むせ》びました。

二〇〇〇年七月、森首相が、沖縄サミット時にクリントン大統領に会ったときのことでした。だいたいこういうときは、すべての行程に外務省の通訳が付くのですが、最初の出会いは、二人だけになることが多い。

「ややあ」、「初めまして」なんて挨拶を交わしながら握手するだけですから、通訳は必要ない。またその最初の出会いがニュースの映像として流されることが多いので、通訳が横にべちゃっとひっ付いているのは、みっともない。

すると、外務省出向の首相秘書官（だろうと思う）あたりが、森に小知恵を授けるわけです。挨拶の言葉なんてものは、だいたい決まっている。だから敵（クリントン）が言ってることがわからなくても、こういうふうに言えばよろしい、とか教える。

森は、クリントンに沖縄県名護市の万国津梁《しんりよう》館で会った。

「ミスター・プレジデント、ハウ・アア・ユウ？」

ところが、この「How」という部分の発音が悪くて、クリントンには「Who」と聞こえたらしい。

そこでクリントンが、よせばいいのに茶目っ気を出した。

“I'm Hilary's husband.”

まあ、夫人が著名だからユーモアのつもりだったのでしょう。

すると森は、

“Me, too!”

と、すかさず相槌を打ったということです。本来、“I'm Hilary's husband.”の部分には、

“I'm fine thank you, and you?”という返答があるはずだ、との想定でもって、外務省の木

っ端役人は森に教え込んでいたはずです。

「私はヒラリーの夫である」

「私もだ」

何という美しい会話が、日米首脳間で交わされたことか。私はこの記事を読み、感涙に咽びました。それにしても、森という人は強運です。相手がブッシュでなくてよかった。同じことをテキサスの酒場で言えば、撃ち殺されても文句が言えません（笑）。

後にこのエピソードを、安倍晋三官房副長官が本気《マジ》で否定したので、ああ、本当にあったことかもしれないなあ、森喜朗前首相は、日本国の人間国宝に指定されるべきだ、と固く信じたのです（爆笑）。

姜　えー、話がだいぶ逸れてしまいましたが（笑）、在日韓国・朝鮮人である僕自身のささやかな経験から言うと、日本人にはどこかに「自分の国は特別なんだ」という思いがあります。しかも、政治経済だけではなく、文化とか精神とかをひとまとめにして、日本は特別だと考えているんです。同時に、その裏返しとして、絶えず、在日韓国・朝鮮人（そして、アイヌ、沖縄人）たちをネガとして置いてきた。

森巣　簡単に言えば「劣っているもの」ということですね。「文明」との対概念《ついがいねん》である「野蛮」。

姜　ほかならぬ僕自身が、ずいぶん長い間、そういうふうに思い込んでいました。しかし、自分が五〇歳を過ぎて、日本は特別で、その裏に在日や韓国、朝鮮があったという思い込みからようやく解放されたと感じていたときに、神の国・国体発言が出てきたんです。

森巣　しかし、『ナショナリズム』を読むと、国体がいかに重要な概念かがわかりました。とにかく姜さんの主張では、日本型ナショナリズムは、突きつめて言えば、「国体」ナショナリズムであった。

姜　結局、戦後になっても、日本の知識人たちの、少なくとも七〇年代までの営みは、それがマルクス主義であれ近代主義であれ、どんな思想、理論、感性であれ、国体にかかわるもろもろの現象と、どのように向き合うかに尽きていたと思うんです。その向き合い方の中に大きな問題点もあって、それを僕はこの本の中で書こうと思ったんです。

森巣　「国体」ナショナリズムの成立・存続に、戦前・戦中・戦後の知識人たちがいかに加担していったかに焦点を絞ったわけですね。

姜　知識人の終焉《しゅうえん》が叫ばれる現在、それでもなお、アントニオ・グラムシ[1]のヘゲモニー[2]論は有効だと思いました。九〇年代日本のネオ・ナショナリズムが、グラムシ的な意味での「人民的―国民的な集合意志の形成」と「知的道徳的革命」を標榜《ひょうぼう》していることは明らかです。例えば、「日本人」としての「ナショナル・アイデンティティ」や「こころ」、「精神の習慣」や「国民の道徳」といったキーワードがそれを象徴しています。

森巣　おお……、難しくなってきましたな。

▼森巣博、渾身の切り返し！　ところで先生、「国体」って、いったい、何ですか？

森巣　ここでチューサン階級からの質問。「国体」って何ですか？　試みに『広辞苑』で「国体」の意味を調べてみたら、四つほど載っていました。

①〔漢書（成帝紀）「通㆓達国体㆒」〕国家の状態。くにがら。くにぶり。

②〔漢書（王莽伝上）「以明㆓国体㆒」〕国家の体面。国の体裁。折たく柴（中）「―にしかるべからず」

③主権または統治権の所在により区別した国家体制。「―の護持」

④国民体育大会の略称

最後の④は、おそらく、関係ありませんな。ここで取り上げるべきは③でしょう。しかし、「国体」には、何だかわけのわからない意味が、他にもいっぱいくっついちゃってると思うのです。

姜　そうですね。例えば、松浦寿輝《まつうらひさき》(3)は「国体」のことを、まさに「茫漠としたコノテーション」と表現しています。

森巣　ちなみに、コノテーションとは、「言語記号の潜在的・多層的意味」（『広辞苑』）のことですな。

姜　国体を動かしているのは、冷徹な政治力学ではなく、むしろ心情的なものです。だから、小泉純一郎が靖国神社に参拝したときに「心から平和を願っている。それがなぜ悪いんだ」と言う。小泉に言わせれば、「こちら側はイノセントな真心（ココロ主義）で動いているのに、外側からいろいろ注文をするのは政治的で汚れた言説だ」ということなんです。だから、僕は、国体を動かしている、もっと感情的な側面、あるいは、心情面にこそ注目すべきじゃないかなと考えました。突きつめて言えば、政治性のないところで国体が成り立ってしまっているからこそ、天皇制を国民の七割以上が支持しているのだと思います。

森巣　自分の国が特別だという感情は、おそらく世界中のどの国にもあると思うんです。で、そうした感情が国体——英語で言えばpolityと結びつくわけですよね。それが、ナショナル・アイデンティティの基本構造なんでしょう。試みに、polityの意味を手元の『新英和中辞典』（研究社）で引くと、

①政治形態［組織］
②政治的組織体、国家組織、国家

とありますな。ところが、日本のいわゆる国体は、polityという言葉ではちょっと表現できないものを含みます。姜さんの『ナショナリズム』の中に書いてあったのは、「国体」とは、

「主要素たる日本民族の本質」だという想定です。ところがその「本質」が何であるかは、決して明記しない。

姜　明記しない。そのとおりです。

森巣　例えば、韓国においては韓国民族の精髄、中国においては漢民族の精髄、みたいな主張はあるわけでしょ。

姜　あります。だからその点で「国体」的な共同体意識は、決して日本だけの特別のものと思う必要はない。ただ、他の国の国体と決定的に違うのは、やはり天皇制の問題ですね。

森巣　そうだと思います。そうすると天皇を象徴とする、あるいは天皇を中心とする「国体」ナショナリズムというようなとらえ方が正しいのかもしれない。

▼「国体」ナショナリズムの形成――本居宣長《もとおりのりなが》から、一九四五年の敗戦まで

姜　歴史的には、まず、江戸時代後期に、会沢正志斎《あいざわせいしさい》（一七八二〜一八六三）など、後期水戸学[4]（丸山真男[5]は、「前期的ナショナリズム」と規定している）の一派が、封建的な割拠性や階層秩序を包括する統一体として「国体」という言葉を使用しはじめていました。もっとも、当時の「国体」は、まだ、天皇制国家としての明確な輪郭をとっていたわけではありません。「国体」の「茫漠としたコノテーション」性が、ますます顕著になった時期は、一九三〇年代の戦時期になってからです。

森巣　一九三〇年代。姜さんのお言葉で言えば、「『国体』が非宗教的宗教と化した」時代ですね。姜さんは、この「国体」という言葉を、政治的領域と美的領域の混在、使用範囲のあいまい性、ありもしなかった国民の歴史を偽造、強化するための計り知れない効果という三つの切り口で分析されました。

私は、姜さんの本を読んで、「国体」という言葉を、「明確な論理で捉えようとするとツルリと逃げられてしまうけど、日本におけるナショナル・アイデンティティの創造期に、非常に便利に使用された呪術的な言葉」というふうに理解させていただいたのですが。

姜　それでいいと思います。大きな流れで言えば、後期水戸学の価値観を先駆的に生きた本居宣長[6]は、古代神話の考古学的な発見を介してナショナルな自己同一性を確認しようとしました。

その本居的な素朴な「国体」言説は、「大日本帝国憲法」、「教育勅語」、「軍人勅諭」などのテキストを通じて、国民（臣民）創出に不可欠なイデオロギー装置としてますます洗練され、時代を経るにしたがって鵺《ぬえ》のような相貌を明らかにしていきます。その過程で、作為的な制度として成立した天皇制が、何か自然な悠久の時を経て日本の均一的なナショナル・アイデンティティを支えつづけてきたのだ、という物語が偽造される。

さらに、小泉純一郎が靖国参拝のときに発言した「真心をもって参拝した」という言葉に象徴的に現れる、イノセントでピュアな国体への思いが、徐々にかたちづくられていく。私はそれを、ココロ主義と捉え、「国体」ナショナリズム成立の、重要な一要素と考えました。

森巣　しかし、そもそも、ほんの一部の人間を除外すれば、西南戦争当時（一八七七年）には、「日本人」など存在しなかったはずですよね。そこいらへんの田圃《たんぼ》を耕しているオッさんたちに「日本人」なんて概念は存在していなかったのだから。そして、ここでウヨクの人たちの言う「洗脳」、教化が国家により開始される。

姜　イタリア統一後最大の問題を象徴する言葉に「イタリアはつくられた。これからはイタリア人をつくらねばならない」というものがあります。これと同じような難題が、当時の日本にはありました。統一的な「国民（ネイション）」つまり「日本人」の創出のためには、もろもろの近代的制度・機構や憲法の整備だけでなく、先ほどのグラムシが言うような「知的道徳的革命」が必要でした。

森巣　ベネディクト・アンダーソン(7)流に言えば、「モジュール(8)」を、人為的につくらなければならない。

姜　近代的に洗練された「国体」概念は、まさにこの要請に応えるものでした。「国体」がいよいよ法律用語として浮上したのは、一九二五年の四月二二日に公布された「治安維持法」においてですが、さすがにその意味論的な空疎さが問題になったのか、一九二九年の大審院の判例で、「国体」の核心は、「大日本帝国憲法」第一条と第四条をもってその定義としました。

森巣　えーと、その部分を探しましょう……。おお、これだ。

第一条「大日本帝国ハ万世一系ノ天皇之ヲ統治ス」
第四条「天皇ハ国ノ元首ニシテ統治権ヲ総攬シ此ノ憲法ノ条規ニ依リ之ヲ行フ」

姜　例えば、皇道派的国体論者であった里見岸雄《さとみきしお》（一八九七〜一九七四）は、第一条を大日本帝国憲法の「究極的根本法」とし、第四条をその「現実的中心法」とするという説を唱えました。しかし、「国体」の奥義について語った言説は、その後も次々に生みだされます。一九三五年、憲法学者、美濃部達吉《みのべたつきち》（一八七三〜一九四八）の「天皇機関説」[9]をきっかけに起こった「国体明徴《めいちょう》問題」[10]。一九三七年に文部省が発行した国民教化のための出版物『国体の本義』。しかし、それらは、依然として、「国体」の実質を何も明らかにしていません。ただ、天皇は「万世一系」であり「天壌無窮《てんじょうむきゅう》」であり、したがって「国体」は変革すべきものではないし、また、変革されるべきものでもないという、まったく中身のない同語反復的な空言が繰り返され、ナショナリズムの熱狂的なウルトラ化をさらに促進します。そして、ついに、敗戦時にいたっては、「国体」という言葉を使用する支配層の中で、その言葉の本当の意味を説明できる者が、誰一人としていないという、異様な状況が生みだされました。

▼「国体」ナショナリズムの温存——一九四六年の「年頭詔書」

森巣　本居宣長に始まる「日本ナショナリズム小史」も、敗戦までたどり着きました。次は、敗戦から九〇年代日本の急激な右傾化にいたる経緯について、今までの講義を踏まえながら、さらに詳しくお伺いできればと思います。

姜　まず、僕は、日本が九〇年代になって急激に右傾化したという解釈はとっていません。ポイントは一九四六年の「年頭詔書《ねんとうしょうしょ》」(11)（新日本建設ニ関スル詔書）です。いわゆる天皇の「人間宣言」として有名な「詔書」は、三月六日の「憲法改正草案要綱」発表の伏線であると同時に、戦後「国体」への決定的な第一歩でもあります。一九四六年の「年頭詔書」は、占領軍によって原案が書かれ、同時に、天皇やその側近たちの思惑も書き加えられ、いわば日米合作的な文書として発表されたものです。

森巣　「国体」存続に向けた日米談合の第一歩というわけだ。

姜　「人間宣言」として人口に膾炙《かいしゃ》してきた「年頭詔書」ですが、どこを見てもそうした文言は見いだせません。ただ、「天皇ヲ以テ現人神《あらひとがみ》」とする「架空ナル観念」が否定されているだけです。つまり、大日本帝国憲法の内部に拘束されつつも、外部に屹立《きつりつ》する現人神をいただく立憲神主国家という旧「国体」の終わりを、他ならぬ現人神自身が明らかにした、という構造になっている。そして、天皇と国民の関係は「相互ノ信頼ト敬愛」によって結ばれていると書かれているのですが、このきわめて情緒的な共同性がどこに由来しているのか、「詔書」はまったく明らかにしていません。しかし、暗黙のうちに、「天壌無窮の皇統」にもとづく無限の「皇恩《こうおん》」とそれに対する国民の「翼賛」をイメージすることを求めているのは明らかです。

戦後日本は、アメリカという外部の超権力の介入をテコに、現人神を憲法の内部に封じこめ、しかもそれを政治的にはイノセントな「象徴」に変身させることで再生した、新たな立憲民主国家でした。でも、主権が国民になっても、「国体」は途絶したわけではありません。「談合体制」としての戦後「国体」は、アメリカの眼差しを内部化して自らを眺めながら、同時に、イノセントな、その意味ではより根源的な天皇と国民の共同体に回帰する形をとったからです。もっと言えば、戦後の日本がアメリカの傀儡《かいらい》国家であるがゆえに、ナショナルな純粋性の言説が欲望されるという構造です。

森巣　『ナショナリズム』では、さらに、和辻哲郎、南原繁《なんばらしげる》、(12)丸山真男、江藤淳(13)、といった知識人たちに焦点をあてて、錯綜する戦後「国体」ナショナリズム言説の諸相を緻密に分析されていますが、それはこの際、便宜上、端折《はしょ》りましょう。

姜　とりあえず、戦後においては、日本が戦争に負けてナショナル・アイデンティティの求心力としての天皇制が象徴天皇制に変わった途端に、政治的なナショナリズムが、いったん、社会の表面から消えたと思うんです。

森巣　しかし、別の形のナショナリズムが戦後社会に出現した、と。

姜　それこそが、経済ナショナリズムだと思うのです。

▼経済ナショナリズムの誕生——敗戦から冷戦崩壊までの日米談合体制

姜　戦後のナショナリズムの出方は、やはり、敗戦と占領によって規定されていたと思うんです。もちろん、戦前と戦後の連続説、あるいは断絶説といろいろあるんですが、ジョン・ダワー[14]が、『敗北を抱きしめて』（岩波書店）の最後のところで、山之内靖《やまのうちやすし》[15]のテーゼに近いことを言ってるんです。

森巣　ダワーも山之内靖も、両方とも連続説です。

姜　そうですね。ダワーは、総力戦については、山之内靖とずいぶん考え方が違うんですが、要するに、日本の二〇世紀の一つのまとまった時代を、一九二〇年代から一九八九年と見ているんです。この七〇年間は、事実上、昭和の時代だったわけですけれど、昭和天皇が亡くなったときは、メディアは、いかにして戦前の昭和と戦後の昭和の間に断絶線を設けるか、というところに、ものすごくエネルギーを費やしたわけですよ。そうしなければ、昭和天皇の死について、国民の哀悼《あいとう》を演出することができなかったのです。

森巣　でも、あの当時の、一億総自粛の異常な状況下で、戦前と戦後は別だなんて主張するのは、おかしいですよね。自粛というのは、つまり、「心はひとつ隣組」ということなのだから。

姜　とにかく、ダワーは、社会経済的に見れば、一九二〇年から冷戦が終わる一九八九年までの昭和はひとまとまりの時代として考えられると主張しました。そこで、彼は、スキャッパニズムということを言いだすわけです。スキャップとジャパニーズを合わせた造語です。

森巣　ＳＣＡＰ（連合軍司令部）と日本政府の談合体制。

姜　労働力の再編成、動員等、一九二〇年代から進行していた、後々の福祉国家の萌芽的な構造が、総力戦によってシステム化される。同じく、戦間期に、重化学工業政策が推進され、地方の官僚制が整備された。そして、敗戦後の占領下で、軍事的なものが削ぎ落とされることにより、かえって、一九二〇年代以降の社会構造がより強化された、というのが、彼のテーゼなんです。

敗戦後は、政治的な部分は、ほぼアメリカによって代替されました。だから、ナショナリズムなきナショナリズムのような現象が起きたんだと思うんです。それが、経済ナショナリズムだった。

森巣　戦前の「国体」ナショナリズムがいったん崩壊した後、平和主義や民主主義が登場するのと同時進行で、冷戦時代にフィットしたナショナリズム（＝経済ナショナリズム）が新たに出現し、徐々に強化されてきたということですね。エコノミック・アニマル＝日本人の誕生だ。経済的に世界を席捲《せっけん》するわれわれは、とっても特別でとってもすごいんだとする主張。

姜　戦後日本において、ナショナリズムは、もはや、政治的な言説にならなかったわけです。その代わり、アメリカとの関係がますます重視されるようになりました。それが、うまくいった。その理由の一つに、アメリカがアジアの問題をかなりかき消したことが、非常に大きかったと思うんです。

キャロル・グラックの話では、一九四二年ぐらいから、アメリカ政府の中に、戦後の占領下についての方針が決められていたと言います。大東亜戦争を太平洋戦争と言いかえたりしたのも、それを見越してのことなんですね。このころには、事実上、朝鮮半島、沖縄、台湾、旧満州は、日本から切り離されることが既定路線として決定していたわけです。しかし、その代わり、アメリカは、敗戦によって傷ついた日本の生産力のはけ口を、東南アジアに用意してあげた。つまり、後背地《こうはいち》を東南アジアに用意したわけです。

森巣　「八紘一宇《はっこういちう》」[16]の代わりに、経済圏を用意してあげたということですね。大東亜共栄圏は、政治的には挫折したけど、経済的には温存されている。

姜　そのとおりですね。日本は、東南アジアに対する賠償という形で、経済的に進出していく可能性をアメリカによって与えられたんです。テクノロジーや生産力がすぐれてるから、戦後の日本は経済大国になったというストーリーが、昭和天皇が死んだときにつくられたわけですけど、これは嘘だと思うんです。

森巣　大嘘です。

姜　もちろん、日本に技術力があったことは事実ですが、重要なのは、日本が、国際関係の大きな再編成の流れにきわめて有利な形で乗っかったということです。つまり、コロニアルなものに乗っかることによって、敗戦後の日本の成長の、国際的な基盤ができあがったわけですね。

森巣　でも、そのコロニアルなものは、ほとんど意識されることがないまま、ここまで来てしまったのじゃないですか。少なくとも、経済界ではそうでした。

姜　それは、アメリカの影響が強かったからだと思うんです。その一方で、アジアとの関係は意識の上ではかき消されていく。その端的な例は、朝鮮戦争だったと思います。当時の人たちには、かつての宗主国・日本と植民地・朝鮮との関係が、戦後どういう形で現れてきたか、というような観点が、ほとんどなかったですからね。丸山真男の「三たび平和について」を読むと、核戦争の脅威という形でしか、この問題を捉えていない。

森巣　象徴的ですね。

姜　そう考えていくと、日本政府は、ナショナリズムなきナショナリズムなんです。それが七〇年代の末には、アメリカに比肩できるほどの経済的な大国として、世界的に認知されていくわけです。そこから、日本の伝統や歴史を否定的に捉えるのではなく、ポジティブに評価しなければならないという方向に進んだ。

森巣　経済的成功とともに。日本特殊論、日本人論の登場だ。

姜　そうですね。日本の文化や伝統が、日本をここまで引き上げた要因なんだという幻想の登場です。つまり、講座派マルクス主義[17]なんかとは、まったく逆の評価が出てきたわけです。七〇年代の末には、マルクス主義的な考え方は影響力をなくしていたし、新社会学的な見方も影響力をなくしていた。逆に、世界は、日本をモデルにしつつあるんだという言説が出てきて、それは文化ナショナリズムとしては成功したのだと思います。

　そして、八〇年代になって、中曽根政権のとき、アメリカの介入による日本国内の構造的な調整という形が、経済的に大きな影響力を与えるようになったわけです。もはや、批判勢力の最大党派であるところの社会党（現・社民党）より、アメリカのほうが政策決定過程にはるかに大きな意味を持っていたんですね。ある政治学者は、これを「横からの入力」と呼びました。そのあたりから、国際化されたナショナリズム、いわゆる、インターナショナライズド・ナショナリズムみたいなもの、国際化された大国を目指していくべきだという言説がかなり出てきた。

それ以前から、大東亜戦争肯定論とか、右翼的な言説はあったんですけど、七〇年代末から八〇年代にかけて、日本は大国化し、「豊かな社会」になり、現状肯定的な保守化が進んでいったと思うんです。ダワーもあるところで言っているけど、そのころには、右と左の対立関係がかなりあいまいになっていたと思います。

森巣　政治的には対米関係偏重だったわけだし、論点に差がつきようもないでしょ。

姜　そうですね。でも、このころには、サッチャーやレーガンなどによって、欧米ではいち早く、グローバル化に対応するための新自由主義（ネオ・リベラリズム[18]）的な改革が行われていたんです。来るべきグローバリズム時代においては、スキャッパニズムという日米談合体制は、すでに時代遅れだったんですね。でも、日本は、九〇年代まで、対応を先延ばしにしてしまった。

▼経済ナショナリズムは、かえって、ナショナル・アイデンティティを社会の隅々にまでゆきわたらせたのではないか？

森巣　ところで、太田昌国《おおたまさくに》[19]の『日本ナショナリズム解体新書』（現代企画室）は、日本の左翼が無意識、無批判に継承していたナショナリズム的思考を徹底的に批判した素晴らしい本です。先ほど、姜さんがおっしゃった、経済ナショナリズムという視点も、この『日本ナショナリズム解体新書』と呼応するところがありますね。

姜　そうですね。

森巣　両者とも、戦後に温存されたいわゆる左翼のナショナリズムについて語っています。

姜　基本的には五〇年代の、平和主義や左翼という形での学者の言説の中に、対米自立ナショナリズムがあったと思うんですよね。

森巣　それは日本共産党が、非常に明確に打ち出しました。反米愛国です。

姜　僕の考えでは、たぶん、六〇年安保[20]以後、対米自立ナショナリズムを明確な政治的意志として現す必要もなかったし、またそういう状況でもなかったと思うんです。それは経済ナショナリズムでほとんど覆いつくされていたし、またそれでよかった。その代わりに、むしろ、文化的な形でナショナリズムが発露されました。六〇年代から七〇年代にかけて、数多くの日本異質論が生産され、太平洋を挟んでアメリカとその日本異質論を交換し合っていたと思うんです。

森巣　日本文化論に代表される日本異質論は、八〇年代になって、欧米の一部の研究者たちに受け入れられるわけですね。向こうではリビジョニズムと言われたんだけど、あれがそっくりそのまま日本に帰ってくると、日本の論客たちは、今度はジャパン・バッシングだと言う。ただ、ブーメランのように戻ってきただけなんですよ。ここら辺のバカバカしさというか、おもしろさというか。

姜　ヨーロッパに行った日本の学者なんかと話すとね、もう、日本特殊論をしゃべりたくてウズウズしているわけです。和魂洋才とか。要するに、なぜ日本はこんなにうまく経済的なパフォーマンスができたのか。それをまたヨーロッパの人は、エキゾチズムで聞いちゃうわけですよ。

森巣　あれは、逆オリエンタリズムととっていいんですか。

姜　そうですね。それがうまく、凹凸関係ではまっちゃうわけです。六〇年代から七〇年代にかけての中国は、文化大革命(21)（一九六六〜一九七七）の混乱期だったんですよ。あの後に、ようやく、華国鋒が四人組を打倒して鄧小平が復活するでしょ。あれが七〇年代の終わりでした。だから、欧米から見ると、あの当時の中国は、巨大な北朝鮮（朝鮮民主主義人民共和国）っていう感じだった。すると、もう、大きいテーマは日本しかなかったんですね。

森巣　そうですね。

姜　それと、日本異質論の交換の背景には、先ほど申し上げたように、日米の談合関係があったんですね。それは、言ってみれば、自分たちがアメリカにどのように理解されるか、また、アメリカにとって自分たちはいったい何なのか、それを絶えず欲望するような構造なんです。つまり、自分たちのナショナル・アイデンティティを絶えず欲望するような形で、日米関係はつくられたとも言える。

そして、経済ナショナリズムがある程度軌道に乗ってくると、七〇年代末ころからは、文化的なナショナリズムが、かなり洗練された形でアメリカに輸出されたり、あるいはアメリカから逆輸入されてきた。

森巣　でもそれは、私の言う「俺のちんぽこは大きいぞ論」と同じですね（『無境界の人』『無境界家族』参照のこと。「ちんぽこ」モデルについては、後ほど詳しく説明します）。

姜　ナショナル・アイデンティティが、ちんぽこですか。

森巣　それが九〇年代になって、バブルが破裂すると同時に、「俺のちんぽこは大きいぞ」とも言えなくなった。それで困った挙句に「俺のちんぽこは（小さいかもしれないけど）硬いぞ」と言いだす連中（「新しい歴史教科書をつくる会」のメンバーとか）が跋扈《ばっこ》しだす。

姜　ややどぎつい表現ですが、的を射た発言ですね。しかし、西尾幹二の、今は「日清戦争前に近い」という表現は、冷戦時代ではとうてい考えられなかったようなパワーシフトに対する、一つの脅威みたいなものも反映しているんじゃないかと思います。東西対立という基本構造は瓦解し、中国は改革開放路線の只中にあり、韓国と台湾は民主化された。九〇年代の東アジア状況は、冷戦時代とは根本的に違ってきています。

で、僕はやっぱり、八〇年代に日米関係が変質せざるをえなかったことと、周辺のアジア諸国の民主化や非軍事化、そして経済成長等々は、軌を一にしていると考えています。それから、八〇年代には、あたかもナショナル・アイデンティティが意識されないことが当然であるかのような変化も起きていたと思います。

森巣　どういうことでしょうか？

姜　大衆文化や、「ジャパン」という形でしか日本を意識化できない世代が出てきた、ということです。吉見俊哉君が、そのあたりをいろいろ分析しています。

森巣　吉見先生の言葉で言うと「ホームシックを感じると、マクドナルドに並ぶパリの日本人旅行者」ということになりますな。あれは非常にうまいつかまえ方だと思いました。

姜　丸山真男も、日本人は政治的ではない形では過剰にナショナルなんだ、と言っています。でもそれが、政治的なナショナリズムとしては表現されない。八〇年前後に、政治的にはナショナリストじゃない人が、日本を過剰に意識している場面によく出くわしました。文化や民族におけるジャパニーズネスというのが、どこかで過剰に意識化されている。例えば、あのとき、よく流行ったのが、セミの鳴き声はヨーロッパ人にはノイズだけども、日本人は「岩にしみ入る」と感じてしまうという俗説（笑）。

森巣　あれはやはり「俺のちんぽこは大きいぞ論」ですよね。

姜　大きいというか――、箸《はし》の持ち方とか、要するに、ささいな場面での習俗や光景ですね。日本の美とか、日本の風景とか、そこにある細やかさとか、心とか、そこから発生する文学とかは、過剰に日本的なんです。でも、それは非常に繊細なもので、政治とはおよそ関係がない。それを政治的な言説として扱うのは、一部の街頭右翼くらいで、一般の国民は全然そういうことを考えていない。それが九〇年代以前までの流れだったと考えています。それが、どこかで、ポピュラーカルチャーとしても言われていた。例えば、ヘッドホン・ステレオは、メイド・イン・ジャパンを越えて人々に受け入れられている製品ですよね。それもやはり、手先の器用さや誠実さという、繊細で「日本」的なるものが生みだしたものの典型というわけです。

森巣　でも、例えば、マクドナルドはどうなんですか。あれは非常にすぐれたアメリカ文化ですが、およそ大多数の日本人に愛されています。

姜　でも、そのときに微妙な差異化が起こるんです。例えば、マクドナルドで照焼きチキンをパンに挟んだり、モスバーガーではおむすびにキンピラを入れたりするわけでしょう。ともかく、僕は、経済ナショナリズムの時代に、政治的なものの表現を絶たれていたがゆえに、イノセントなものに純化した微細なナショナリズムが、かえって社会の隅々にまで浸透していったのではないかと考えています。

▼姜尚中教授による、九〇年代ネオ・ナショナリズムの総括

森巣　九〇年代日本のナショナリズム高揚の原因は、簡単に言えば、バブルの崩壊ではないかと思うのですが。

姜　そうですね。それがなければ、あそこまではいかなかったでしょうね。先ほどもお話ししましたけど、九〇年代初頭には、スキャッパニーズ・モデルは、構造的な障壁になっていたんですね。だから、それを何とか変えなければならなかったんだけど、正直、僕は、難しいだろうなと思ってました。そのころ、岩波書店の雑誌「世界」に、「冷戦崩壊が日本の蹉跌《さてつ》になる」ということを書いたことがあるんです。

森巣　慧眼でした。

姜　九〇年代は、「失われた一〇年」と言われていますが、僕は「失われた二〇年」じゃないかなと思っています。とりわけ、アメリカやイギリスで進んでいた、グローバル化への対応策としてのネオ・リベラルな改革を、今、一挙にやらなければならなくなった。

八〇年代のサッチャリズムやレーガノミックスの後には、それらに対するかなりの軌道修正がありました。そして、九〇年代に、クリントンは、ニューエコノミー(22)をあれだけ推し進めた。それでも、すごい後遺症があったと思うんです。実際、アメリカの中産階級は、かなり層が薄くなっていったわけですし。そのため、あたかも国民間の和解を達成するかのようなポーズが、繰り返しとられていました。

森巣　日本の場合は、バブルの清算も絡んだので、ますます九〇年代の改革ができなかった。だって、あそこで本気でやる気になったら、大手企業の経営者のほとんどと、永田町や霞が関の住人の多くが、塀の内側でしゃがまなければならないはめになった。結局、あのころの「巨悪」に免罪符を与え、すべて生き残らせてきたために、現在の袋小路が出現しているわけです。

姜　だから、日本の場合には、グローバル化に対応するために、二〇年分のネオ・リベラルな構造改革を、一挙にやらなければならないんです。

森巣　なるほど。

姜　一挙に改革をやると同時に、そこから生まれてくる副作用を、是正しなければならない。これはもう、冷房と暖房を同時にやるようなもの。ブレーキとアクセルをいっしょに踏まなきゃいけないようなものなんです。だから、改革をやろうとすると、必然的に、ダッチ・ロールになっちゃうんです。

森巣　尾翼を失った飛行機が、ぐらぐら揺れながら飛んでいくという意味ですね。

姜　そういう背景の上で、九〇年代に入って、僕は、二種類のナショナリズムが出てきたと思います。その一つは、『ナショナリズム』の中にも書いたんですが、グローバリズムの中で、アメリカに代替させてきた政治的な部分に、日本がどうかかわっていくかというところから出てくるナショナリズム的言説。

森巣　国際的な安全保障・秩序維持のための海外派兵、とかですね。

姜　スーザン・ストレンジ(23)は、グローバル化の中で、国家は退場していくと指摘していますが、僕は同時に、国家はある面で強化されていくと思います。日本は、治安維持や安全保障の面を、これまでアメリカに任せてきたわけですよね。しかし、グローバリズム、あるいは、ポスト・スキャッパニズムの時代において、日本は否応なく、そうした国家の機能を引き受けるために、国家内部の構造変革をやらざるをえないと思うんですよ。これは、いわば、上からのナショナリズムです。

もう一方では、その問題と連続しながらも、どこか切れた現象として、いわば、下からのナショナリズムみたいなものが出てきているんだと思います。それが、小林よしのりに代表されるようなナショナリズムだと思うんですけどね。それは、おそらく、ネオ・ナショナリズムと言っていい。なぜなら、それは、歴史の記憶にかかわる、ナショナル・アイデンティティの高揚の形で現れているからです。でも、このネオ・ナショナリズムが、九〇年代に入って急激に頭角を現したのは、やっぱり、前者の引き寄せがあったからだと思うんですよ。

森巣　上からのナショナリズムと、下からのナショナリズムか。

姜　小渕政権のときには、国際化されたナショナリズムというものが、コンセンサスとしてかなり強くあったと思うんです。だから、アジアとある程度融和を遂げて、歴史についても一応、何かポーズとしての終止符を打とうとしていた。そして、日本が、国際紛争等の問題に関しても一定の政治的な役割を果たし、最終的には、常任理事国入りを目指していたと思うんです。

結局、グローバル化する世界のスタンダードやルールを有利につくっていくためには、国家の介入が不可欠だからです。だから、単純に、国家が後退して、代わりに、市場経済を任せられた国際的な機関が、いろんな再調整をしていくことがグローバル化なんだという認識は、根本的に間違いだと思うんです。で、そういう中で、一応、ある明確なビジョンらしきものが、ハード・ランディング派の梶山静六《かじやませいろく》という人を通して出てきた。小渕恵三は、それと違ってソフト・ランディングを目指したけれど、結局、在任中に急死してしまった。で、現在、梶山に近いようなハード・ランディング派を自称しているのが、小泉純一郎なんだと思います。

森巣　でも、何もやってないですよ（笑）。第一、できっこない。小泉自身が、「巨悪」の中から生まれてきたのだから。

姜　一応、流れはですね。ただ、社会経済構造から見ると、これは手がつけられないほど深刻な事態だと思う。一方で、小泉が改革をやりつつ、もう一方で、守旧派と言われている自民党の野中広務《ひろむ》をはじめとする戦後体制的（スキャッパニズム的）なものが反発しながら、双方、凭《もた》れあうという関係ですよね。こういう中で、ネオ・ナショナルなものが影響力を強めているんじゃないか、と。

森巣　しかし、どこまでつづきますかね。

姜　そうですね、そのネオ・ナショナルなものが、ずっと勢力を得るかというと、僕は、そうじゃないと思うんです。西尾幹二が、なぜ新しい歴史教科書の採択率がこんなに低かったのかと、どこかで憤懣《ふんまん》を書いていましたが、それは、基本的には、現状維持の保守主義が強かったからじゃないかと思うんです。だから、今の日本は、ネオ・ナショナリズムとしても中途半端です。それから、ネオ・リベラルも非常に中途半端。小泉改革が挫折することは間違いないでしょうし、すべてがあいまいなまま、右左に揺れながら、戦後的なものが少しずつ終わっていってるような気がするんですね。

森巣　確かにそうですね。

姜　根本的には、グローバリズムとどう対峙《たいじ》していくのかということが最大の焦点なんだと思います。つまり、グローバル化の中で、日本が、対外的にどのようなバーゲニング・パワーを築き得るのか。結局、グローバル・スタンダードのルールづくりに、何らかの決定権を持たなければ、日本の経済的なポジションというのも確保できないじゃないかという形で、ナショナリズムが出てきている。

森巣　なるほど。

姜　ところで、僕は、このまま行くと、失業の問題もそうだけど、福祉や様々な保障の面で、どんどん先細りして行かざるをえないと思うんです。そうすると、セキュリティが意味するものが、福祉国家的なものではなく、治安管理の側にシフトして行かざるをえないと思うんです。実際、そういう現象が起きているし。そうなると、ナショナリズムというものが、必然的に要請される。

森巣　しかし、社会福祉こそ、国家が提供すべき「安全保障」であるという、ごく当然なことに、なぜ気付かないのでしょうか。

姜　今、社会学者たちの間で、日本国内の階級について、さかんに議論が行われているところなんです。固定的な階級というものは、この一〇年から二〇年の間に、ますます整理されてきたという立場と、そこまで言い切るのは早計だという立場。いずれにせよ、国民的な同質性や、階層間のある種のコヘージョン（結合力）がなくなりつつあるのは確かだと思います。そういうわけで、今は、ナショナルなものを過剰に意識せざるをえないし、もう一回、再考せざるをえないという、そういう状況にあるのではないでしょうか。

▼森巣博が提唱する「ちんぽこ」モデル――戦後日本の、数多くの日本論・日本人論を素描してみよう！

森巣　ちょっとここで、私なりに、戦後の日本論・日本人論の流れを、簡単に素描させてください。

姜　お願いします。

森巣　まず、「国体」ナショナリズムの呪術的文体を駆使した、数多くの和製「日本人論」は、敗戦によって完全に破綻しました。唯一、敵国研究を目的に書かれた日本人論であるルース・ベネディクトの『菊と刀』だけがこの時期に読まれていた。和製「日本人論」の復活は、日本が、朝鮮戦争の特需景気で、経済力にある程度自信をつけはじめたころのことです。一九四九年、文化国民主義者である和辻哲郎の『風土』が再版されています。その後、「経済成長右肩上がり神話」を背景に、無数の日本人論が出てくるわけですが、それらをいちいち解説していくのは大変ですし、何よりも虚しい作業です。それで、私はかねてから、それらをまとめて、以下のように整理しているのですが、的外れだったら、遠慮なくご批判願います。

姜 どうぞ。

森巣 和辻哲郎以降の日本論・日本人論は、一貫して、「俺のちんぽこは大きいぞ論」でした。それがバブルと共に見事に破綻するわけです。そうすると今度は、九〇年代を代表する「俺のちんぽこは硬いぞ論」が出てきた。それが湾岸戦争の経験を通した藤岡信勝《のぶかつ》(24)あたりの説につながるわけです。ところが、ちんぽこの硬さなどといったものは不定である。昨夜のふにゃちん、今朝のこちんこちんこ、という体験は、おそらく男性のほとんどがしているわけです。そこで最近出てきたのが「俺のちんぽこは古いぞ論」。これが、一連の遺跡捏造事件の背景にあるのではないかと、ささやかに私的に考えているのですが（笑）。

姜 それに倣って言えば、私が先ほど申し上げた文化ナショナリズムは、「俺のちんぽこは繊細だぞ論」なんでしょうね。

森巣 繊細だ。それもありますね。それ、どっかに入れましょう。しかし、先生、繊細なちんぽことは、早漏と同義じゃないのですかね（笑）。

姜　しかし、「俺のちんぽこは繊細だぞ論」は、九〇年代になって、「俺のちんぽこは硬いぞ論」に戻っちゃう。

森巣　ちんぽこの大きさや硬さなどどうでもよろしいと、いい歳したオッさんたちがなぜ気付かないんでしょうか。つまり自信がないんですなあぁ。

姜　やっぱり、九〇年代以降を一言で総括すると、「国家」だと思うんです。九〇年代以前は、国家というものを射程に入れずに、日本社会論とか、日本共同体論とか、民族論などが議論されていたわけです。しかし、坂本多加雄《たかお》(25)たちと西尾幹二たちの間には微妙な違いがありますが、九〇年代になって、国家を意識しないナショナリズムには意味がないという問題意識が強くなった。でも、政治ナショナリズムは、論としては、むしろ古いんですよ。近代ナショナリズムは、本来は、経済ナショナリズムを背景にした文化ナショナリズムなどではなく、ストレートな政治ナショナリズムでしたから。坂本多加雄たちが、国家という形でナショナリズムの鼓舞を始めたのは、やはり湾岸戦争の影響が大きかったと思います。

森巣　坂本多加雄は留学してますか。

姜　アメリカに行っていますね、たぶん。

森巣　そうですか。例えば、藤岡信勝や西尾幹二なんかもいい例ですけど、留学経験がある人間にかぎって、非常にコンプレックスが強い。その持つ必要のないコンプレックスのそっくりそのままの裏返しで、日本に帰ってきたときに強烈なナショナリズムが発露されるというのは、よく見てきた光景なんですよ。私はもう三〇年以上、いわゆる海外で過ごしています。英語がしゃべれない「英語教師」渡部昇一(26)は別格としても、私はああいう人たちの同類にも、うんざりするほど出くわしてきました。つまり、セキュリティ・チェーンをかけたドアの隙間からしか世界を見ない人が本当に多いわけ。自分は留学先で相手にされなかったという強烈な思い込みがあって、ほんのわずかな隙間から見た世界でその国を理解し、納得し、了解し、しかも憎悪していく。

姜　あり得るでしょうね。

森巣　あれじゃかわいそうだと思って、表に連れ出そうとすると、カーテンが閉められた薄暗い部屋の中で、目を狂気に赤く腫らせている。ボクの新しい恋人を紹介しようと脈絡もなく言いだし、突然異臭を発する左手を差し出したりする（笑）。簡単に言うと、こういう人たちなんです。西部邁《すすむ》(27)もそうでしょ。

姜　どうでしょうか（笑）。

森巣　西部邁は、きっとアメリカで一人でバアに入れなかったんです。

姜　一九七九年にドイツに留学したとき、そういう人間をよく見かけましたね。国費留学で来たエリートが、語学力不足のために、自分より低いレベルの学生に、論争でやられちゃったりする。ゼミに出ても、大学生から発音を直されちゃったりする。すると、臆しちゃうんですね。

森巣　西尾幹二なんかもそれかな。

姜　そういう人たちは、どこかで、アジアの中で日本は例外なんだと思っている。でも、ヨーロッパの人々は、日本に興味を示しながらも、結局は、ベトナムや中国や韓国・朝鮮と同じアジアの国だと思っている。だから、日本は例外だと思っている彼らは、過剰にナショナリストになってしまう。とにかく、森巣さんの指摘は、ある意味、非常に重要だと思います。それも形而下的なレベルというより、彼らの観念レベルの中に刷り込まれていった、一種の心理劇として。僕は、『ナショナリズム』で、江藤淳をちょっと扱ったんですけど。

森巣　江藤淳はひどすぎる。

姜　江藤淳が戦後の知識人の、一つの代表なんじゃないかと考えたんです。

森巣　一つの類型ですね。六〇年安保までは、いわゆる国際派だったんですよ。それが六〇年安保が終わって、アメリカから金もらって逃げちゃうわけです。あの人は、都市会館ホールで一九六〇年の三月か四月くらいに、安保反対のアジ演説をやっていました。そこには、石原慎太郎もいましたよ（笑）。安保にああいう形で敗北すると、今度は、アメリカから金もらって、アメリカに行って、急にアメリカ嫌いになるわけです。いったい「言説の責任」はどうなるんですかね。西部もそうだったけれど、まったく「自己批判」なしで主張をころころ変えていく。ある意味では、日本の「知識人」の典型なのでしょうが。で、江藤は「日本人としての真正の自己同一性」みたいなことを言いだすわけです。私に言わせると、「日本人としての真正の自己同一性」なんてものは、どこをどう探せば出てくるの、という感じなんです。その「日本人」の中に、通勤電車でスポーツ紙のスケベ記事を読むオッさんたちは含まれるのか？　老人を押しのけ確保した座席に坐ると、白いガーゼのハンカチで額に噴き出した汗を拭くオバちゃんたちは含まれるのか？

姜　結局、彼の中には、アメリカを通じて日本の無垢なものが犯されてしまったという被害者意識があるんでしょうね。それが少し三島由紀夫[28]と似ていると思うんです。

森巣　喪失ね。

姜　喪失ですね。だから、彼の『成熟と喪失』のタイトルは、まさしく表裏なんです。アメリカによって民主的に教化されていく戦後日本の歴史は、喪失の過程であると江藤は見ていた。つまり、日本とアメリカという二国関係においてしか、すべてが見られない構造があるわけです。

森巣　喪失というのは、何かがあったという想定でしょ。

姜　そうです。

森巣　これは後の、加藤典洋がいう「ねじれ」と同類ですな。『敗戦後論』の中で、加藤典洋は、敗戦を日本人は非常にゆがんだ形で処理してしまったというふうに、奇妙な心理分析を施しました。そうしたゆがみを土台に出発した戦後歴史の原点を「ねじれ」と称したんです。でも、「ねじれ」というのは、初めに、真っ直ぐなものがあったという想定があるわけです。実は、それがまったくの想像でしかなかったということが判明したのが、グローバリゼーションじゃないかと。

姜　そこに難しさがあるんです。確かに、彼らは真正のものが過去にあると仮定している。そして、ねじれてない部分があるはずだと思い込んでいる。その発想に根拠を与えているのは、やはり、差し当たりは、明治なんじゃないかなと思ってます。

▼九〇年代日本のネオ・ナショナリズムが、意外に手ごわい理由――ナショナリスト自身が、国家をフィクションと認めてしまうなんて!?

森巣　明治といっても、明治の何ですか。

姜　敗戦になって、昭和天皇が、敗戦の明くる年の元旦、「年頭詔書」、いわゆる「人間宣言」を出しますね。そこで最初に触れてるのが、五箇条の御誓文(29)なんです。ナショナル・アイデンティティをつくっていくためには、どこか回帰すべき起源神話が必要なんですよ。日本の場合は、明治維新だった。

森巣　しかしそれが、何ゆえ明治のそれになるわけですか。

姜　やっぱり近代国家の始まりというか、伝統の始まりです。

森巣　伝統は近代国家から始まる。

姜　坂本多加雄も、ナショナル・ヒストリーが物語《ナラティヴ》によって成り立っていることを認めています。その意味で国家はある種のフィクションであることを否定していないわけです。

森巣　それはまるでポストモダニズムです。それで構わないんですか？

姜　ある意味ではそうです。だから、彼は、ナショナリズムは単なる懐古ではないかとか、「俺のちんぽこは古いぞ論」からの揶揄なんかでは、批判できないわけです。

森巣　「俺のちんぽこはもともと想像だ論」か。

姜　ただ、彼が回帰すべきところは、明治なんです。

森巣　それなら、また、新たな疑問が出てくるんです。なぜフィクションが明治に回帰しなくてはならないのか。

姜　それは明治が、一回限りの成功だったからだと思うんです。その一回の成功を、普遍的なものに切り替える作業があったんじゃないか。

森巣　そうすると、坂本多加雄にとって、昭和前期という時代は、あれは特殊な時代なんですか。司《し》馬遼太《ばりょうた》郎《ろう》(30)も「あれは日本の歴史じゃない」と言っていますが。

姜　藤岡信勝もそう言っていますね。

森巣　私に言わせると、明治の帰結が、昭和前期になったと思うのですが。

姜　だから、藤岡信勝は、講座派マルクス主義を批判するんです。講座派マルクス主義は、昭和前期の一五年間だけを特別視せず、満州事変よりもっと前にさかのぼって、自分たちを戦争に追い込んだ状況自体を反省しなければならないと主張した。

森巣　そうすると、藤岡信勝もやはり、「昭和前期が特殊だ論」ですね。

姜　ただ、坂本多加雄はそう思ってないと思います。彼が言ってるのは、結局は、中曽根さんじゃないけど、負けても勝っても国家。国民は国家の栄誉を求めて進むんだっていうことです。

森巣　「過去の汚辱を忘れて」っていうやつですね。何しろ中曽根といえば、「ぺらぺらとよく燃えるカンナ屑みたいな男」と評されたとき、自分は褒《ほ》められたと勘違いして喜んだ人だから……（笑）。

姜　僕は、明治国家が作られる前後の国際的な状況には、いろいろな可能性があったと思います。だけど、結果として、日本が独立国家になったのに対して、朝鮮は半独立国家から植民地になったし、中国も同様の道を歩みました。これらは、偶発的な条件が重なったにすぎない一連の出来事だったのに、自分たちの固有の歴史の結果として説明しようとするわけです。『古事記』や『日本書紀』以来、日本はずっと独立国家としてあって、歴代天皇制のもと、ある独立性や、ユニークでオリジナルなものを持っていたからこそ、そのような国づくりもできたというわけです。坂本多加雄は、基本的に天皇制主義者ですし、そういうものがあったからこそ近代化にも成功したんだと主張していますね。

森巣　そういうものがあったからこそ、バブルが破裂したんだとも言えるはずです。

姜　そういうものがあったからこそ、戦争に負けたとも言える。

森巣　絶対そうですよ（笑）。結局は、「伝統」の恣意《しい》的な抽出にすぎない。

姜　でも、九〇年代以降は、結局、国家を意識しなければ、文化とか美的な次元でのナショナル・アイデンティティさえ、主張できなくなっていった。その意味で、彼は、国家学みたいなものを意識しているわけです。『国家学のすすめ』（ちくま新書）ですね。

森巣　まさに国家が崩壊しようとしているときに、国家学を持ちだすのは皮肉ですね。ところで、最近、オーストラリアの日本研究者が書いた論文[31]を読んだんですけど、大変おもしろかった。彼女が言うには、七三年の第一次オイルショックのとき、日本での大方の論調は、「これで日本はだめになる」だった。七九年の第二次オイルショックのときにも「だめになる」という主張が多かった。その分析と処方箋が正しかったかどうかは別として、一応、討論の場が成立していた。ところが、九〇年のバブルがつぶれたとき、日本のマスコミは、しばらくの間は今度も平気なんだと主張していた。

姜　楽観論が大勢を占めていましたね。

森巣　一九七三年や一九七九年のときには、省エネに対する討論とか、資本主義そのものに対する分析とか、そういうものがいろいろ出てたんだけど、一九九〇年のときは、原油価格の高騰といった外的因子はほとんどないにもかかわらず、みんなが無根拠に「大丈夫だ大丈夫だ」と言ってた。そのとき、彼女は、「これは本当に危ないな」と思ったらしい。

姜　三度目の正直。

森巣　日本の多くの人たちにとり、バブル期というのは、古き良き時代なんですよ。ウヨクにとっての明治と同じです。明治があったから、昭和前期があったはずなのに。バブルがあったから、現在の凋落がある。そこのところが、まるでわかっていない。

姜　先ほども触れましたが、九〇年代のナショナリズムは、政治的な言説なんだと思います。そして、政治的な言説は、歴史と結びついている。歴史は、もっとも政治的な問題ですから。だから今は、国家をどうすべきか、日本の国家形態はどうあるべきか、国家は対外的にどう対処すべきか、国家をどんなふうに意識する人間が生まれるべきなのか、そのために教育をどのように変えるべきなのか、国家を担っていく心はどうあるべきか、こうした問題がさかんに論じられているわけです。

森巣　それが今度の教育基本法の改正の動きにつながるわけですね。

姜　小渕恵三元首相の「二一世紀日本の構想[32]」もそれだと思うんです。

森巣　まさに、グローバリゼーションへの対応策ですね。ただ、私は、グローバリゼーションについて、少し違う考え方を持っています。実は、グローバリゼーションは、太古から起こっていた。そして大航海時代でそれがいっそう加速化する。一九世紀、二〇世紀は、鉄道や航空機の発達でヒトの移動やコミュニケーションのスピードがさらに速くなる。これが八〇年代のＩＴ革命により、もう隠蔽不可能となったグローバリゼーションが顕著化しただけの話であって、固有の文化という発想や、単一純粋な文化なんてものはどこをどう探しても発見できないと考えているんです。そもそも「文化」というのは、その発生の時点において「多　multi」であり「交　inter」なものではなかろうか。

姜　本当にそうですね。
森巣　ところが九〇年以前も以降もそうですが、ナショナリズムは、みな固有の文化というものを主張している。でも、そのわりに、誰も固有の文化が何であるかについては説明してくれない。だから、私は、いまだに理解できないんですよ。みそ汁を飲んで、たくあんを食えば、それが固有の文化なのかって。
姜　キムチ食べれば韓国人だと。最近の若い韓国人は、それほどキムチを食べませんけどね。でも、吉見俊哉流に言えば、ハンバーガー食えば日本人になります（笑）。

▼日米談合の知の枠組みをいかに越えるか——カルチュラル・スタディーズの三〇年遅れの紹介と、ハリー・ハルトゥーニアンを知らない日本文化研究者

森巣　ちょっと気が付いたんですが、姜さんがご研究で取り上げるような英語圏の日本文化研究者たち、つまり、キャロル・グラックとか、ハリー・ハルトゥーニアン(33)とか、ノーマ・フィールド(34)とか、酒井直樹(35)とか、いわゆる、批判的研究者と呼ばれている人たちは、日本のメディアでは、ほとんど登場しませんよね。
姜　オーストラリアでは、テッサ・モーリス＝スズキ(36)とかも。
森巣　ジョン・ダワーは、『敗北を抱きしめて』で著名になりましたが、それまで、日本の主流メディアでは、ほとんど知られていなかった。彼ら彼女らは、いわゆる、「文藝春秋」とか

「中央公論」なんかには、間違っても出てこないような人たちです。それに対して、日本で知られている人たち、例えば、故ライシャワー(37)やヴォーゲル(38)なんかは、実は、現在の英語圏ではまったく相手にされてない人たちです。

姜　そうですね。それは、日本とアメリカ、あるいは、日本とオーストラリアという、二国間談合関係を支えるような知的交流が、求められていたからだと思います。日本とオーストラリアの関係も、だんだん深くなっていますからね。

森巣　日米談合、あるいは、日豪談合にとって、都合のいい学者たちしか優遇されない。

姜　もちろん、批判的研究者間にも、それぞれ主張の違いや対立はあるわけです。彼ら彼女らの中でも、キャロル・グラックなんかは、比較的、正統的な歴史学に近い立場だし。

森巣　そういう対立はあって当然です。でも、逆に、欧米のマスコミではどんな日本の知識人が知られているんだろう。

姜　大前研一(39)でしょう（笑）。

森巣　ぎゃあ。あの人「知識人」だったのですか。私はベストセラー・ライターだと思っていた。こりゃ、迂闊《うかつ》でした。

姜　アメリカだけじゃなくて、イギリスでもそうですよ。そういえば、アンソニー・ギデンズ(40)といっしょに出てる本を確かに見たことがあります。

森巣　大前研一とアンソニー・ギデンズが、いっしょに並んでるわけ!?　信じ難いですな。

姜　経済グローバリゼーションの分野で、彼は、いち早く英語で本を出していたからでしょう。そういう点では非常に歪《いびつ》な構造になっていて、日本側の知的状況っていうのは、英語圏ではほとんど知られていないわけですよ。

森巣　それから、この対談のメイン・テーマであるアイデンティティにかかわる研究の最前線に、カルチュラル・スタディーズ(41)という学問がありますよね。これは、数多《あまた》の日本論・日本人論者にとっては、殺虫剤のような存在でした。カルチュラル・スタディーズの成果にまともに向き合うと、ほとんどの日本論・日本人論が駆除されてしまうでしょう。

姜　そうですね（笑）。

森巣　私の理解では、この分野の創始者と言われるスチュアート・ホール(42)が、イギリスのバーミンガム大学で講座を持った一九六〇年代に、カルチュラル・スタディーズが始まったわけですが、これが、日本に紹介されるのが、何と、一九九六年。吉見俊哉さんが東京大学の講演会にスチュアート・ホールを招くまで、三〇年間、ほったらかしだったわけですよ。

姜　ええ。

森巣　ポール・ギルロイ(43)とか、カルチュラル・スタディーズの一線級の学者たちの紹介は、とにかく、異常に遅れている。これまで、日本の人文科学というのは、西欧の知的アチーブメントに対して、反応がすごく早かったように思うのですが、アイデンティティ研究にかかわる部分に関しては、三〇年遅れになってるわけです。これは、私の邪推なんですが、これに関しても、もしかすると、何らかの作為あるいは談合があったんじゃないかと。

姜　理由は三つぐらい考えられます。一つは、カルチュラル・スタディーズの論者たちの多くが第三世界出身者であること。日本では、第三世界の政治家についてはよく知られていますが、思想になるとなかなか受けとめられなかった。二番目は、七〇年代まで、ポリティカル・エコノミーという、政治経済学や社会経済学的な構造が学問の中心で、文化の問題もそれとのかかわりだけで意味があったわけです。だから、八〇年代から価値転換が起こって、文化問題がクローズアップされるにしたがって、ようやく、文化が社会構造的な問題と結びつけられて、議論されるようになった。

森巣　なるほど。

姜　それから、三番目は、時代的な問題。八〇年代半ばまでは、まだまだ、ナショナル・アイデンティティとかナショナル・カルチャーが一枚岩で成り立っているという前提があったわけです。そういうものを壊すための、ジェンダー論や、差異の理論、そして、アイデンティティに関する言説は、八〇年代の半ばになって、浮上してきたわけです。カルチュラル・スタディーズを受け入れる準備が、そこでようやく整えられていったんですね。

森巣　例えば、カルチュラル・スタディーズと同時期の、六〇年代から七〇年代にかけての構造主義(44)やポスト構造主義、中でも、ミシェル・フーコー(45)の登場はかなり決定的でした。彼ら彼女らの議論によって、国境という捏造物によって切り取られうる単一の文化なんてないんだという合意が、七〇年代末になると、欧米の学問界ではすでに成立していたわけです。だから、アメリカぶっちぎり勝利のような状態になっても、アメリカ人論っていうのは成立しない。ところが、日本では相変わらず、日本人論は死んだわけではなくて、いまだに、多くの先生がたがやっておられます。もう学問の世界では相手にされていませんが。

姜　不思議なことに、自分が不勉強なせいもあるけど、これだけ重要な関係であるのに、学問分野としてのアメリカ研究っていうのは、何かさほど印象に残ってないんです。

森巣　どこか、御用学問的な側面があったのでしょうかね。

姜　戦後の日本とアメリカの知的交流関係には、基本的には、ライシャワー中心の路線が引かれていたと思うんですね。で、日本の側の受け皿は誰だったかというと、高木八尺《やさか》[46]でした。南原繁といっしょに終戦工作をやってきたアメリカ研究者です。そのとき、彼は、吉田茂を交えた終戦工作グループにいた。そのグループの全貌はいまだ明らかになっていないんですが、高木八尺が中心人物だったことは、ほぼ間違いがない。

森巣　彼は、東大法学部です。

姜　そうですね。現在も、著名なアメリカ研究者は、ほとんどが高木八尺の影響を受けていると思います。

森巣　高木八尺の引いたレールについて、ちょっとうかがいたいんですが。

姜　要するに、日本は、アメリカの寛大な占領政策があったおかげで、ソフト・ピースという形で敗戦の荒廃から脱却できたのだ、という考え方ですね。そして、一九五一年のサンフランシスコ講和条約と日米安全保障条約というのは、日本の復興のためにもっとも重要な基礎をつくったんだと。その知的パラダイムが、五百旗頭真《いおきべまこと》[47]をはじめとする日米関係研究者の中に、厳然と存在するんですね。一方、アメリカ側にも、その知的パラダイムを補強する学者がいた。

森巣　しかし、今、英語圏で、もっとも著名な日本文化研究者というと、これは間違いなく酒井直樹であり、ハリー・ハルトゥーニアンであると思うんですよね。ところが、ハルトゥーニアンの名前すら聞いたことない日本の文化研究者がいるわけでしょう。

姜　確かに、批判的立場をとる研究者たちの日本研究や日米関係研究の成果は、日本のメジャーなメディアの中には入ってこない。なぜかというと、それをシャットアウトしなければ、たぶん、今の日米の談合的な構造というのが、かなりヤバくなる可能性があるからだと思いますよ。博さんが挙げられた研究者というのは、単に、日本だけを批判するのではなく、日本とアメリカ、そして世界をも同時に批判的に見ていくような、そういうスタンスをとっている方が多いと思うんです。その人たちの考えが、なかなか日本側に伝わらない。で、それは――。

森巣　恣意的に排除されてる。

姜　それは、たぶん、日米談合関係を維持していくために必要なんでしょうね。

森巣　そういえば、おもしろい体験をしました。今年（二〇〇一年）の五月四日に、首都キャンベラにあるオーストラリア国立大学の社会科学研究所で、川勝平太[48]国際日本文化研究センター（通称ニチブンケン）教授の講演があり、私はチューサン階級を代表して聴きに行きました。

川勝などという人文科学系の人がなぜ社会科学研究所で講演をやるのか、不思議に思っていたのですが、人文科学系のところで断られ、豪日研究センターでもできず、現地の大使館がごり押しで社会科学研究所のほうへ捩《ね》じ込んだそうです。豪日研究センターとは、ピーター・ドライスデールという、日本国家から大きな勲章をもらった、まあ「日本社会万歳」の人が所長を務めているのですが、あそこでも相手にされなかったとすると、これはかなり重症ですな。で、講演は、研究所ではなくなぜか学部のほうの中国科の人たちが動員され、一八人ほどが集まりました。もっともそのうちの二人は、講演の途中で退席してしまうのです。

日本社会は、「産業革命 industrial revolution」ではなく、「勤勉革命 industrious revolution」を経験した、と滔々《とうとう》と垂れるのですから、それも仕方ないでしょう。

だが、ちょっと、待て。「勤勉革命」というのは、確か速水融《はやみとおる》[49]が言っていることではないのか？ 私は慌てて、周囲の人に、速水のクレジットが入っていたかを確認したのですが、誰も速水の名を耳にしていなかった。つまり、完全な盗用です。

まだ、ああいうことが海外で通用すると考えている人がいるかと思うと、私は泣きたい気分となりました。証人が何人もいることなので、是非是非、川勝先生には反論していただきたい。

つまり、川勝にとっては、国境は閉ざされていないと困るのですな。

日本の官僚たちは、川勝を対外向けのスポークス・パーソンにしたいらしくて、大使館から一〇人くらいが来て、左右を固めていたのですよ。それで、あれだけ宣伝し、かつ学部のほうまで動員をかけて一八人。

一方、たまたまその前日に、人文科学研究所のほうで、東京大学の藤原帰一さん、明治学院大学の竹中千春さんの講演会があったのですが、こちらは宣伝もせず、ネットで一回流しただけなのに超満員（笑）。姜さんは、オーストラリアでもう三回講演なさっていますが、どれも満員。わたしがチューサン階級を代表して聴きに行った、たとえば、吉見俊哉、高橋哲哉（以上東大）、伊豫谷登士翁《いよたにとしお》、坂元ひろ子、安丸良夫（以上一橋大）、中野敏夫、岩崎稔（以上東外大）、成田龍一（日本女子大）、長原豊（法政大）などの講演は、どれも会場は満員で活発な討論が闘わされるわけです。上野千鶴子[50]の時など、会場から溢れるくらい人が集まりました。

つまり、同じような問題意識さえ持っていれば、そこには「知」の交流がある。

ところが、そんなところに現れて、日本人論や日本文明論を主張しても、そりゃ、もう相手にされませんよ。

だから、日本の官僚たちには現実がまるで見えていないのでしょうね。国策ニチブンケンは、国外向けのプロパガンダ機関として中曽根首相（当時）によって創設されたのですが、国外では相手にされなくて、むしろ「諸君」「正論」「Ｖｏｉｃｅ」といった国内「のすたるじい」向けの雑誌の読者にもて囃《はや》されている。つまり、「俺のちんぽこは大きいぞ、硬いぞ、古いぞ論」です。まったく情けない。かつ、税金の無駄遣い。

姜　えー、またまた脱線してしまいましたが（笑）、要するに、知の世界における日米談合構造も、八〇年代ぐらいから少しずつ限界が見えはじめていたわけです。一つの統合されたユニットが、内側から少しずつ壊れていく。そういう状況が、八〇年代に急速に進んでいったし、また、そういうものを語る人たちが少しずつ出てきた。例えば、テッサ・モーリス＝スズキとか酒井直樹という人たち。

森巣　八〇年代当時は、英語圏のみでの活躍ですけどね。

姜　日本の中でも、例えば、西川長夫《ながお》[51]さんなんかがいます。国民国家の形成過程における不協和音やノイズの分析、そして、それらをいかに抑圧して、国民統合が成し遂げられてきたのかを批判的に捉え直す国民国家論ですね。

森巣　西川長夫さんは、それこそ、一人で頑張っていた部分があったのじゃないですか。あと、山之内靖さん。彼らの仕事が正当に評価されるのは、ずいぶんと後になってからですよ。

姜　それでも、現在では、日本とアメリカの知的交流のパイプは、かなり多様化しているんじゃないかと思います。グローバリズム時代の知のあり方は、国と国との談合的なものではなく、むしろ、それぞれのコンテキストの中で、同時多発的に批判するようなことなんじゃないかと思います。それが実現できれば、日米関係も変わりうる。

森巣　姜さんの『東北アジア共同の家をめざして』は、まさにこの、日米談合関係に光をあてていますね。

姜　僕は、橋本ドクトリン(52)にかかわるシンガポールでのシンポジウムに、一回だけ参加したことがあるんです。でも、橋本ドクトリンが東南アジアとやったような共存・対話は、東北アジアでは非常に難しいんですよ。なぜかというと、中国、南北朝鮮、沖縄、台湾など、東北アジアの関係に突っ込みすぎると、日米談合関係の根幹に触れてしまうからだと思うんです。でも、靖国問題、日米安保問題、日朝国交交渉、そして、歴史をめぐる問題と、やけどをするような問題でも、いつまでも放置しておくわけにはいかない。

森巣　そうですね。まず、ちゃんと戦争責任を謝罪し補償せにゃあ。被害者への謝罪も補償もサボって、加害者だけが勝手に癒されていいわけがない。加藤典洋がなぜ日本であんなに受けたかと言いますと、あれは加害者に対する明瞭な「癒し」だったからです。話を戻して、なぜ東南アジアとやったほうが簡単なのかと言いますと、東北アジアとの場合は、中国との力関係が大きいからなんでしょう。

姜　でも、着手しないままでは、本当の意味でアメリカに対する批判をすることはできないんじゃないかと思いますね。キャロル・グラックは、僕とのメールのやりとりの中で、昨年の九・一一のテロ事件に関して、かなりシビアにアメリカ批判をしていました。こんなふうに、九・一一以来、アメリカと日本が、同時に批判の俎上《そじょう》にのせられるような、そういうパースペクティブはだんだん開かれつつあるけど、まだまだ、彼ら彼女たちの発言は、支配的なメディアの論調を覆すにはいたっていない。だから、まずは、ジョン・ダワーや、ハリー・ハルトゥーニアンなどの発言に、即座に共鳴できるものをわれわれはつくりだしていかなければいけないと思うんです。博さんの役割も、きっとそうなんでしょうし。

森巣　私は関係ないです！　第一、私は、国家は消滅するという立場をとっております。国家はすぐには崩壊しないかもしれないが、しかし国境は確実に消滅する、と考えております。そりゃそうでしょう。資本、雇用、商品、思想、情報、宗教がほとんどボーダーレスに往来しているのに、国境はヒトの移動だけを制限するのですから。あんな不自由で不自然で不可思議なものはないと思う。ともあれ、このあたりで、姜尚中の特別課外授業「日本ナショナリズム小史」も一段落といたしましょう。しばし、休憩！

第二章　知られざる在日韓国・朝鮮人二世の青春
——経済ナショナリズム体制下の、姜尚中の個人的体験

▼ナショナリストは、誰も日本人とは何かを教えてくれない——一九七〇年一一月二五日、三島由紀夫自決事件

森巣　前章の「日本ナショナリズム小史」で、日本ナショナリズムの流れが、それとなく見えてきました。しかし、依然としてわからないのは、「日本」とは何か、あるいは、「日本人」とは何なのかという点です。

姜　ふりだしに戻ってしまいました（笑）。

森巣　いやいや。先ほども申し上げましたように、姜さんは、『ナショナリズム』の中で、「国体」とは「主要素たる日本民族の本質」でありながら、その「本質」が何であるかは決して明記しないと指摘されています。日本のナショナリズムの歴史を概観してもなお、「日本」ある

いは「日本人」とは何かという、根本的な疑問が残ってしまうところに、姜さんの洞察の正しさを感じます。

姜　はい。

森巣　ナショナリストたちは、固有の文化とは何か、あるいは、固有の国民性とは何かを、ついに教えてくれなかった。この事実は、姜さんの講義でしっかりと確認できました。

すこし付け加えますと、民族なり文化なり宗教に、「固有で不変なものがある」とする考えを、「ファンダメンタリズム＝原理主義」と呼びます。ところが日本では、「イスラム原理主義」、「キリスト教原理主義」とか言うのに、決して「日本原理主義」は存在しないことになっている。あれは不思議議です。おそらくそれは、フランスのルペン、オーストリアのハイダー、オーストラリアのハンソン[1]、オランダのフォルタイン[2]を「極右」と呼びつつ、それよりも無茶苦茶な主張をしている石原を「極右」と呼ばない原理と同一なのでしょう。

それに関連して、私が印象に残っているのは、一九七〇年一一月二五日です。日本民族の本質（そして、それを決して明記しないこと）にかかわる思い出ですが、私はその日、後楽園競輪場にいました。

姜　ああ。

森巣　その日は水曜日でして、姜さんはご存じないだろうが、日本では水曜日というのは公営ギャンブルの休日です。ところが雨天順延となった後楽園競輪の決勝レースがあったのです。

私がボロクソに負けて競輪場から出てきたら、パトカーのサイレンがやけにうるさい。すると、みんなが「大変だ、三島が自衛隊に入った」と騒いでる。

姜　市ヶ谷の駐屯地の近くですものね。

森巣　私は三島由紀夫の行動が理解できなかったんですが、後で、「檄《げき》」と題された趣意書を読んで、ようやく趣旨がわかった。三島は「われわれは戦後の日本が経済的繁栄にうつつを抜かし、国の大本を忘れ、国民精神を失ひ、本を正さずして末に走り、その場しのぎと偽善に陥り、自ら魂の空白状態へ落ち込んでゆくのを見た」。それで「生温い現代日本で凛烈の気を呼吸できる唯一の場所」が自衛隊で、「もはや隊の柵外には真の日本はない」から、「至純の魂を持つ諸君が、一個の男子、真の武士として蘇へることを熱望」して決起を呼びかけたわけです。

姜　やはり、三島の事件は僕も非常にショックでした。

森巣　しかし、そのとき、私が考えたのは、もし自衛隊の柵内にしか「真の日本」がないのだとすると、満員電車の中でスポーツ紙のスケベ記事を読んでるオッさんたちは何なんだ、老人を押しのけ確保した地下鉄の座席で、額に噴き出した汗を白いガーゼのハンカチで拭っているオバちゃんたちは何なのだ、ということです。あれは真の日本じゃないのか。そうなると、三島由紀夫が言っているのは、完全に想像というか、幻想にすぎない。もちろん、私自身、三島の想像世界からは真っ先に疎外されてしまいます。

姜　僕は、大学一年のころに、橋川文三(3)の『日本浪曼派批判序説』を読んでいたんです。橋川文三が言うには、自分の眼前に動かしがたいものがあって、絶えず、現実に裏切られていく、そのときに現れるのが、アイロニーとしてのロマン主義なんです。少し遠回りしてしまうかもしれませんが……。

森巣　どうぞどうぞ。

姜　僕は、あの時期に、自分が日本人でないことに痛切に直面して、精神的にも生活の上でも様々な問題が出てきていたんです。在日の学生がオルグ（組合や政党を組織したり加入を促したりすること）に来ると、いつも逃げていました。変な話ですが、僕がどこかの下宿に外国人登録証を忘れたことがあったんです。それを、僕のことをずっと日本人だと思っていた学生が見つけました。「おい、おまえちょっと、これなんだ?」と、詰問するその友人に対して、「いやいや、違います、これはね……」と歯切れの悪い返答しかできない。

森巣　民族主義的な場所からは、距離をとられていたんですね。

姜　でも、その一方で、それが日本でも韓国・朝鮮でも、そういう愛国心というものとは無縁の身だからこそ、何かそれを見つけ出したいと、ロマンティックなことを考えていました。そんな最中に、三島の事件が起こった。

僕が三島の事件をどのように捉えたかというと、一つはやはり、戦後日本のアメリカ的なスピリットをたたき壊したいという意志。もう一つは、純粋な日本回帰願望みたいなもの。僕は、基本的に三島は、文化天皇制主義者だと思うんです。ただ、それをなぜ、ミリタリズムみたいなものを通して表現したのかはわからない。文化天皇制主義者という規定とはどこか矛盾してるけれど、彼には、二・二六の青年将校になりたかったという気持ちもあったと思います。三島自身は身体が虚弱で、確か兵役検査で落ちていますから。

森巣 いやいや、それは違うんです。今まで三島の自衛隊への憧憬は、徴兵検査で落とされたコンプレックスから出ているとされていましたが、あの人は乙種で合格しているんですよ。これは、きちんと調査しました。パスしていて、即日帰郷なんです。

姜 それはどうしてなんでしょうか。

森巣 甲種であれ乙種であれ、徴兵検査に合格すると、「見事、お国のために死」ねる者として、しばらくすると入営通知が届きます。これがいわゆる赤紙《あかがみ》です。赤い葉書の入営通知ですので、そう呼ばれたのでしょう。

さて、指定日時に指定部隊の前に集合すると、担当将校が演説するのです。意味はだいたい、こんなもの。

貴様たちは、晴れて帝国陸（海）軍の兵士として選ばれた。すでに徴兵検査で合格しているのであるから、兵役に耐えられる身体であるはずだ。内（兵舎）に一歩でも入れば、地方（世間）の規律はいっさい通用しない。内では軍規にしたがった行動のみが行われる。また、内では新たに身体検査などしない。それでも、徴兵検査以降、躯《からだ》を壊した者もいるかもしれない。これから号令を掛けるから、躯の具合が悪くて、兵役に耐えられないと考える者は、一歩前に出ろ。

それで、担当将校が号令を掛ける。

姜　そのとき一歩前に出た！

森巣　三島は、一歩前に出た人なんです。駒場や本郷の寮などでは、事前にみんな一歩前に出る練習をしていたわけです。これは、いいだももさん[4]なんかといっしょに、平岡公威《きみたけ》（三島由紀夫の本名）もやったのです。「嘘をついていたら軍法会議だ」などと脅されるので、一歩前に出ることができないかもしれない。そのための練習です。練習の成果で、一歩前に出ることができたから、兵舎内での簡単な問診ののちに三島は即日帰郷になった。そうでないと、決して即日帰郷にはなりません。その後ろめたさが、ずっとあったんだと思います。

姜　なるほど……。

森巣　それでマゾヒスティックな肉体の鍛練とか、そういうことを始めていくんじゃないかなと思うんですけどね。つまり、自分の頭は戦わなくてはいけないと考えていたのに、足は逃げちゃったと。頭と足が逆方向を向いてて、それに対する負い目があったから、のちのストイックな行動を導いたのでしょう。もうひとつは、やはり隠蔽されたセクシュアリティかな。

▼アイデンティティという言葉の意味を、ここでガッチリとおさえておこう！——森巣博が唱える、「アイデンティティを隠す自由」「アイデンティティへの自由」「アイデンティティからの自由」とは？

森巣 今の話で、この対談の核心部分に入ったように思うんですが、姜さんは、ご自分が日本人ではないと思っている。では、韓国人だと思っていますか。

姜 そうとは断言できない部分もあります。やはりあくまでも「在日」韓国人という意識でしょうね。

森巣 そうすると、どのように集合的なアイデンティフィケーションをしていたのでしょうか。つまり、ご自分の存在をどのように捉えていたのか。

姜 在日韓国人としての自分という事実については、小さいときから意識してたはずなんですが、本当の意味でそれを認識しはじめたのは、高校二年生くらいからです。ただ、その渦中にあるときは、結局、どうやってもうまく説明できなかった。それでも、無性に本だけは読みたくなって、野球に明け暮れるかたわら、一、二年は文学ばかり読んでました。当時は、アイデンティティという言葉自体、身近にはありませんでしたし。

森巣 おっと……、アイデンティティという言葉を聞きなれない読者のために、ここいらで、説明が必要かもしれません。『広辞苑』には、アイデンティティー【identity】人格における存在証明または同一性。ある人の一貫性が時間的・空間的に成り立ち、それが他者や共同体からも認められていること。自己の存在証明。自己同一性。同一性。

と、記載されています。語源は、後期ラテン語の idem で、意味は「同一人（物）、同様のもの」（研究社『羅和辞典』）。しかし、このアイデンティティという言葉を心理学、現代思想の用語として定着させたのは、アメリカの心理学者、エリック・エリクソン[5]でした。心理学の文脈では、アイデンティティは、青年期の自我の確立、という問題系で語られがちです。そういえば、一時期、江藤淳がやたらとエリクソン理論を援用してましたなあ。

姜　細見和之[6]は、『アイデンティティ／他者性』（岩波書店）の中で、エリクソンの文脈では、「自我」というものの存在を、あまりにも無防備に受け入れることになってしまうと指摘しています。そもそも、アイデンティティは、もっと動的なものではないかと。

森巣　まったく同感です。私なりの理解では、思いっきり乱暴に言い切ってしまえば、

　アイデンティティ＝「私は○○○○である」

ということになりますが、この○○○○の中に、アメリカ人、韓国人、中国人、日本人などが入れば、ナショナル・アイデンティティということになる。よろしいでしょうか。

姜　いいと思います（笑）。

森巣　ところで、「私は〇〇〇である」が、「私は悪人である」というような個人的レベルの場合もあれば、「私は日本人である」や「私はキリスト教徒である」のように集団的レベルの場合もあります。ちなみに、後者を、細見和之は、クラス・アイデンティティと呼んでいます。ナショナル・アイデンティティも、このクラス・アイデンティティに含まれます。問題は、細見和之が言うように、クラス・アイデンティティが「たんに個人の選択の対象ではなく、しばしばマジョリティ（多数派）からマイノリティ（少数派）に押しつけられるものでもある」という部分です。

姜　そうですね。

森巣　「在日韓国・朝鮮人」、「アイヌ」、「沖縄人」、「ユダヤ人」、「身体障害者」、「同性愛者」といったクラス・アイデンティティは、上位集団から暴力的に押し付けられるものです。非対称的権力構造によって暴力的に析出され、一方的に差別排除されるアイデンティティ、とでも言えばいいでしょうか。しかし、私はそもそも、静的で固定的なアイデンティティなんてものは存在しないと思っているんです。

姜　アイデンティティは、存在しないということですか。

森巣　例外はあるのですが、基本的にはそうです。だって、「私はこういう人間である」という確信さえ、たった一冊の読書によって簡単に覆されてしまうことだってあるでしょう。細見が言うように、実際、アイデンティティは動的で可変的と言うしかありません。個人レベルのアイデンティティと集団レベルのアイデンティティの境界線自体、非常にあいまいですし。

姜　なるほど。

森巣　世の中には、前述のようなクラス・アイデンティティを隠して生きている人たちがいます。そういう行為そのものを「そんな必要はまったくない！」などと批判するつもりは毛頭ありません。私は、静的で固定したアイデンティティの存在自体を否定している人間だから、「アイデンティティを隠す自由」もあっていいと思う。

姜　なるほど……。

森巣　それから同時に、私は「アイデンティティへの自由」というものを考えています。つまり自分が少数民であろうと、私の子供みたいな「混血児」であろうと、そのことを人前ではっきりと言える自由。

姜　自由ですか……。

森巣　そして、もっと言えば、いかなるクラス・アイデンティティにも含まれたくないという意味での「アイデンティティからの自由」。

▼物語を失った在日二世たち――一九七〇年、梁政《ヤンジョン》明《ミョン》の焼身自殺

姜　今から思うと、あの時代には、アイデンティティ以前に、僕の中に人前で語る歴史があり

ませんでした。在日一世たちは、自分たちの物語を話しましたが、二世の僕は、アイデンティティを持つ持たない以前に、物語を語りえないし、同じ立場の人間同士の共通の歴史を知らなかった。

森巣　ご出身は、確か熊本でしたね。

姜　そうです。僕は、熊本という、日本国内でも非常に保守的で、在日の人も少ないところで育ちましたから、物語不在状況は、在日二世一般には言えないことなのかもしれません。しかし、そういう状況を考えると、あのときはアイデンティティからの自由というよりは、アイデンティティについて考える前提そのものがなかった。

森巣　姜さんは大学生のころまで日本名を使ってらっしゃったわけですか。

姜　そうですね、大学一年生ごろまで。

森巣　では、日本名を捨てるとき、「アイデンティティへの自由」という意識はありませんでしたか。

姜　いや、そうでもないですね。

森巣　例えば、姜尚中という名前を名乗る自由、みたいなものが。

姜　自由じゃないですね。日本名を捨てたのは、韓国学生同盟に入ったときのことでした。それは、ある種の通過儀礼だったと思うんです。イニシエーションを受けたわけですよ。

森巣　そうか……。

姜　僕が民族意識に目覚めたのは、早稲田大学に入って、野球もやめてしまって、何か非常にさまよっていたときのことでした。三島が市ヶ谷駐屯地で華々しい割腹自殺を遂げたのと同じころ、僕と同じ大学に通っていた在日韓国・朝鮮人の学生が、大学近くの穴八幡神社でガソリンをかぶってひっそりと焼身自殺をしたんです。日本名、山村政明。韓国名、梁政明。ちなみに、死後に出された梁政明の遺稿集『いのち燃えつきるとも』(大和書房)に、李恢成《イフェソン》(7)が、一文を寄せています。

森巣　彼の自殺には、三島への抗議の意味があったんですか。

姜　いや、そうではないと思います。彼は、日本の左翼運動にかかわっていたんですね。広島生まれで、文学部で主にドストエフスキーなんかをやっていた。非常に優秀な人だったけど、飯が食えなくて夜間部に転部したんです。そして、学生運動のセクトに入って、かなりいろいろやっていたんですが、結局、そこでも挫折した。ちなみに、彼には、日本人の恋人もいたようです。問題は、梁政明のお父さんとお母さんが、彼が小さいころに日本に帰化していたことでした。

森巣　確か当時は、両親が帰化すると、子供も必然的に日本国籍になってしまうはずですね。

姜　今でも原則的にはそうなんです。日本の帰化行政は、個人の帰化というよりは、家族ぐるみの帰化中心なんです。

森巣　五人組だな。

姜　あるとき、梁政明が、早稲田大学にある北と南の学生団体をそれぞれ訪ねたところ、国籍が違うというので、ほとんどまともに応対してもらえなかった形跡があるんです。たぶん、在日韓国・朝鮮人系の学生運動にかかわろうというよりも、そこに入れば、自分と同じような悩みをかかえている人がいるんじゃないかと思ったんじゃないかな。でも、あえなく門前払いにされた。彼は、いろいろ悩み、挫折が重なった結果、自殺したんでしょうね。僕は、その死に、非常に大きな衝撃を受けたんです。

▼通過儀礼、そして、日本名を捨てて「姜尚中」になるまで――一九七一年、ソウルの大衆食堂から見た夕焼けの記憶

姜　三島由紀夫と梁政明の死をきっかけに、僕の、アイデンティティをめぐる混乱は、ある極点に達したんですね。直後に、どうしても韓国に行かなければならないという強烈な衝動に駆られました。そんなとき、ソウルで弁護士をしていた僕の叔父（父の弟）から、一度、韓国に遊びにこないかと誘われたんです。

森巣　『ナショナリズム』で姜さんが書かれた叔父さんのことですね。

姜　はい。

森巣　確か、海軍関係にいらしたとか……。

姜　海軍法務参謀の要職に就いていたのは、朝鮮戦争中です。『ナショナリズム』にも書きま

したが、第二次大戦中は、熊本で憲兵をしていました。僕が、韓国に行ったときには、弁護士のほかに、映画プロダクションを経営したりもしていて、相当なやり手だったんですね。「日韓画報」という、朴正熙《パクチョンヒ》(8)政権時代に日本と韓国の利権屋がつくった大きなグラフ誌があって、そこで、著名弁護士として紹介されたこともあります。

森巣　行かれたのは、いつですか。

姜　確か、一九七一年の八月ころです。大学二年のときでした。ソウル市内は、叔父さんに案内されたんですが、車はベンツで、しかも、運転手付き。

森巣　それは、まさに軍関係だな(笑)。

姜　韓国に渡って一ヶ月ほど経ったある日、僕の叔父さんの事務所近くの大衆食堂から、ぼんやりと街並みを眺めていたんです。あのときのソウルは貧しかったけど、それでも、勤務時間が終わると、あちこちの建物から、たくさんの人が吐き出されてくる。そんな中、視界の彼方で、日本で見るのと少しも変わらない夕日が、ゆっくりと落ちていく。そのときに、「ああ、そんなに悩む必要はないんじゃないか。この夕焼けは日本でも見てるし、ソウルでも見てる。人はいろんなところで生きていけるんだ」という思いが、突如、湧き起こったことを覚えています。その後、日本に戻ってきたときには、僕は、かなりナショナリスティックになっていました。

森巣　それは、民族団体に入ったということですね。

姜　ソウルから帰ってきたとき、朝鮮民主主義人民共和国系の学生団体からもオルグを受けたんですが、結局は、韓国学生同盟のほうへ行きました。後に無二の親友になる同じ在日二世の誘いに乗ったんです。韓国学生同盟は、一九六〇年の四・一九学生革命をよりどころにして「赤色独裁に反対する。その論理の演繹として白色独裁にも反対する」という立場だったんです。

森巣　共産主義（赤）や、帝国主義（白）の独裁に対して、徹底抗戦する、か。でも、姜さんはさ、当時、韓国語はあまりお上手じゃなかったでしょう。韓国の人たちにとっちゃ、パンチョッパリ（半日本人）、あるいは、日本人そのものでしたよね。

姜　もう、日本人でしたよ。髪の毛も長かったし。

森巣　なるほどね。言ってみれば、非国民ですわ。

姜　日本から韓国に入国したときは、まず「お前は、男か女か？」です。次に、「韓国人か、日本人か？」です。どこからどう見ても日本人だったのですが、今にして思えば、日本人に見られることが嫌であると同時に、そこに安住していた面もありました。それはきっと、自分が日本に対して持っているポジティブな面に、寄りかかりたい気持ちがあったからなんでしょうね。

僕は、日本名を捨てて「姜尚中」になりました。でも、それは、ノミナル（名目上）に変わっただけで、中身が変わったわけではないんです。

森巣　でもフーコーには、「名付ける暴力」というのがあったじゃないですか。

姜　そうですね。で、自分の中身を変えていくために、いろんなことを学習していくわけですよ。あのときは、韓国学生同盟が主催する様々な学習会に参加しました。歴史学習会とか、文化研究会とか。歴史学習の内容は、とにかく、被害者史観の側面が強かったように思います。今にして思えば、政治先行だったような気がします。政治先行の借り物の言葉だけが肥大する一方で、僕個人は、依然として韓国語もできないままだし、向こうの本当の状況も知らないわけです。

▼知られざる七〇年代前半の、在日韓国・朝鮮人たちの学生運動——姜尚中がかかわった、権益擁護運動とは？

姜　しかし、ただ生きているだけで、日本の中では「準犯罪者集団」として扱われる自分たち在日韓国・朝鮮人に、いったい、何ができるのか。その中で練り上げた一つの考えがあったんです。これは、借り物ではありませんでした。在日韓国・朝鮮人自身の頭で考え抜いたオリジナルの理論です。それを、あの当時、権益擁護運動と呼んでいました。

森巣　権益擁護運動？

姜　あの当時の学生運動のラディカリズムと比べると、非常に穏健っていうか、もう、どうしようもないくらいに目立たない運動。ところが、今から考えると非常に情況に合致していました。ちなみに、四・一九学生革命によって目覚める前までは、韓国学生同盟は、飲み食いして遊ぶだけの、不真面目な団体と言われていたそうです。

森巣　あー、そうでしたか。それはそれで結構なことだと私は考えますが（笑）。

姜　それから、自分たちは、四・一九学生革命を精神的な原点にしようと。

森巣　読者のために、四・一九学生革命について、簡単にご説明ください。

姜　一九六〇年の三月一五日に韓国の馬山《マサン》で起きた不正選挙糾弾デモをきっかけに起こった、李承晩《イスンマン》[9]独裁政権に対する反独裁民主闘争が、四月一八日の高麗大学生デモを経て、さらに全国的に拡大し、ついに四月一九日、学生に対する警官隊の発砲によって、一八六名の死者と多数の負傷者を出すにいたりました。しかし、反独裁民主闘争はかえって盛り上がりをみせ、李承晩大統領は下野を余儀なくされた。結果、自由党政権は倒壊しました。

森巣　この四・一九学生革命は、運動の精神的支柱だったわけですよね。

姜　もちろんそうです。ちなみに、七〇年代前半当時、韓国学生同盟に対抗する団体としては、北側の朝鮮文化研究会というのがありました。これは、今の総連（在日本朝鮮人総聯合会）の参加団体で、われわれは民団（在日本大韓民国民団）の参加団体。

森巣　簡単に言えば、総連が北支持で、民団が南支持ですね。

姜　ええ。で、その民団の参加団体に、自分たち韓国学生同盟のほかに、韓国青年同盟があったんですよ。青年同盟は今でもあるし、学生同盟もあるんですけど、そのときには、四・一九学生革命があったことが、みんなの精神的な支柱になっていました。
ただ、運動をやっているうちに、民団という自分たちの上部組織に、本国の権力機構の息のかかった人間が、相当数、入り込んでいることがわかってきました。そこで、民団は、本国の権力機構のために、在日韓国人の動向を管理しているだけの御用団体ではないか、という批判が、徐々に強くなってきたんです。

森巣　民団は、在日社会ではなく、韓国本国の権益を擁護していた。

姜　それでは、いけないと思ったんです。そもそも、民団は、日本に住んでいる韓国系居留民たちの団体なんだし、本来、独立したオーソリティを持っているべきなんです。韓国のその時々の政権の意向とは独立して、マイノリティとして生活している自分たち在日を、積極的に擁護する団体であるべきなんです。そうはなっていなかった。

森巣　その構図はよくわかるのですが、読者のためにご説明ください。

姜　それは、民団にしてみれば、一九七一年の徐勝《ソスン》・徐俊植《ソジュンシク》留学生事件（在日韓国人が、北の工作員にオルグされてスパイになったという容疑で逮捕された事件）に象徴されるように、在日の組織は、韓国へのスパイ浸透運動の拠点になりやすいから、というわけです。つまり、北は三八度線を越えて南側に浸透するために、日本をクッションにしているのだと。日本は無防備な社会なので、潜在的なスパイが繁茂しているという理屈です。その最たるものが、在日韓国人の組織というわけです。それで知ってのとおり、民青学連事件が起きた。

森巣　えー、恐縮ですが、これについても解説をお願いいたします。

姜　民青学連事件とは、一九七四年、ソウル大学などで撒かれた「全国民主青年学生総同盟（民青学連）」名義のビラを見て、政府は、「共産主義者の指令のもとに市民暴動を起こし、政府転覆・労農政権樹立を企図した」という内容の談話を発表し、二五三名を連行調査し、一八〇名を起訴したという事件のことです。朴正熙独裁政権による、露骨な北側のスパイ狩りだったし、言論統制でした。

森巣　あのころ、詩人の金芝河《キムジハ》[10]に死刑判決が下され、大変な騒ぎになりましたな。実は、私も、抗議行動に参加したからよく覚えています。それから、李哲《イチョル》[11]も逮捕された。

姜　よくご存じで。でも、そのときの反独裁民主化運動のバックには、総連の意を受けた学生組織があって、しかも、実際、そういう学生組織からはぐれた人間たちが、スパイとして暗躍していたというのです。

森巣　なるほど。

姜　民青学連事件のときに、僕も韓国大使館に何回か抗議に行きました。で、もう時効だから言いますが、あのときに叫んでる写真が「朝日新聞」に掲載されたんです。新聞のダイジェスト版などに、今も載っていると思います。

森巣　そうですか。同時期、私の写真も「世界」誌のグラビアを飾りました。

姜　ええ！　どうしてですか？

森巣　内緒。

姜　やっぱり怪しい（笑）。ともかく、そのときに初めて、在日社会、日本、韓国本国という、重層的な網の目の中に在日韓国・朝鮮人がいることがわかりました。日本の官憲や公権力、それに、日本の偏見に富んだ世論だけが敵なのではなく、それ以外にも、民族組織があって、それが分裂して覆いかぶさってきて、もっと上には、大使館と本国の権力が絡み付いていることがわかりました。

森巣　がんじがらめになっていることに気付いたわけですね。

姜　それ以前は、悩みが非常に抽象的だったので、自分が何をなすべきかが全然見えなかった。権益擁護運動は、言ってみれば運動をやる場だったわけです。この場をつくらない限り、われわれの運動は、結局、何の足場もない空虚な叫び声にすぎないし、日本のメディアに一過性のものとして扱われるだけで終わってしまう。

▼民族的虚無主義——アイデンティティは、歴史がなければ成立しない？

姜　あの七〇年代の初めに、在日韓国人の合言葉は「本国に帰ろう」でした。日本でどんなにわれわれが叫んでても、それは何の意味もない。日本の社会に、微温的な民族的虚無主義で埋没するよりは、向こうに帰るんだと。その一つの手段が、留学だったんです。それが、一九七一年の徐勝・徐俊植留学生事件や、一九七四年の民青学連事件の土壌となったわけです。

森巣　その民族的虚無主義って、いったい、何ですか。

姜　七〇年代前半の、在日韓国・朝鮮人の学生たちの間で、流行った言葉です。つまり、日本にいれば日本の共同幻想から排除される。ソウルに行けばそこでも排除される。そんなときに、自分の存在の両義性に積極的な意味を見出す生き方ができる人もいる一方で、利己的になってお金を儲けたり上昇志向に乗るだけの生き方を選択する人もいたわけです。当時の僕たちは、後者のような、民族主義を利己的欲望で乗り越えようとする価値観のことを民族的虚無主義と呼んで、そういう生き方はよくないと言い合っていたんです。

森巣　そうか。でも、それは難しいなあ。

姜　当時、韓国のあるエリートが、日本人に対して「在日韓国人を見て、韓国人だと思ってくれるな」と言ったことがあります。それから、一九六五年の日韓基本条約[12]で、金鍾泌《キムジョンピル》[13]元首相が、「在日韓国人は日本に任せます。煮て食おうと焼いて食おうとどうぞ」といった発言をした事実もある。そういう雰囲気が、僕の知る限りでは、一九八八年のソウル・オリンピックの前後ぐらいまでありました。

　八〇年代に韓国に行って、そうした現実に直面した多くの在日の人が、日本へ戻って帰化するようなことが頻繁にありました。あるいは、第三国に出ていく人もいた。

森巣　アメリカとかね。

姜　それこそ、オーストラリア国籍を取得した在日韓国・朝鮮人も多いと思います。でも、七〇年代の青年期を生きたわれわれにはその可能性はなかった。まだ、それほどグローバル化が進行していなかったし、アメリカに行くにしても、ヨーロッパに行くにしても、心理的には、どこか大変なことでした。また、ある程度裕福でないと、第三国に行くこともできません。

森巣　それはそうですね。

姜　ただ、九〇年代から今にかけてを言うと、韓国のほうでは、在日について前よりはいろんな状況を知るようになりました。そうなると、言葉ができないことや、民俗風習が違うということで、すぐに撥ね付けられるようなことはありません。それから、もう一つは、日韓の大衆文化的なレベルが均等になってきた。僕が韓国に行った七〇年代初頭には、ストリート・チルドレンもかなりいたけど、それが今では、韓国の子供たちは、小さいころから、いわゆる日本製のアニメやポピュラー・カルチャーにどっぷりと浸かっている。民族的なアイデンティティや言語が、重要なタームではなくなってきているのかもしれません。

森巣　そうなると、「韓国の真髄」からはずれていく。いわゆる「韓国の真髄」の想定からはずれた在日のアイデンティティが重要になってくる。

姜　それは積極的にあり得ると思います。

森巣　ここで私が言いたいのは、アイデンティティ（identity）じゃなくて「セルフフード（selfhood）」だということです。

姜　なるほど。

森巣　つまり、先ほど、集団レベルのアイデンティティなどは存在しないと、私が申し上げた件です。演繹して言えば、ナショナル・アイデンティティというものは、存在しえないんじゃないかと思うわけです。個が持つ物語や歴史というものは、それぞれに違う。例えば、在日というアンデンティティにしても、それは共同幻想じゃないかと思うんです。むしろ、私は、いつまでも静止し固定したままのアイデンティティよりも、当然にも常に変化しつづける私――「セルフフード」を出発点にすべきではないかと思っているんです。

姜　集団レベルのアイデンティティに付随する、固定的なイメージを避けたいのですね。

森巣　そのとおりです。あるいは、上野千鶴子さんが『ナショナリズムとジェンダー』（青土社）で主張していた「『固有のわたし』――決して普遍性に還元された『個人』ではない――」と言ってもいいかもしれない。

姜　集団レベルのアイデンティティを成立させているのは、共通の歴史だと思います。個的なものであると同時に、それを共有した人たちがいるわけです。つまり、「日本のナショナル・アイデンティティがあるはずだ」とみんなが信じている社会の中で生きざるをえない人間は、それに対応して、自分たちもそれを持たなきゃいけないと考えてしまう。もちろん、僕も、在日のことを何かナショナル・エッセンスが先験的にある存在だとは思っていないし、現に、四世と一世では、在日という一言で括ることは不可能です。

森巣　そのはずですね。

姜　ただ、在日四世が「おまえは在日だよ」と言われて育てば、小さいときからそうかなあと思い、ナショナル・エッセンスらしきものが醸成されていくわけです。だから、僕は、やはり歴史や、歴史についての記憶が、何かしらアイデンティティらしきものをつくりだしていくのではないかと考えているんです。

　だからこそ、国家という共同性に対して、国民が忠誠心や生命を捧げたりするのは、いったい、なぜなのか。それはもう少し、議論していかなければならないと思うんです。そういえば、最近、印象に残ったのは、金嬉老《きんきろう》[14]のことなんです。一九六八年の、例の金嬉老事件の。

森巣　はい、寸又峡《すまたきょう》ですね。

姜　その彼が、この間、韓国に送還されましたね。で、そのときの韓国側の反応をＮＨＫだったかと思うんですが、取材していたんですよ。そしたら、金嬉老と同じか、ちょっと上の世代のおばあちゃんが、「こんなに韓国・朝鮮人を痛めつける日本の社会が憎い」と激昂しながら答えているんです。ところが、若い人は、事件のことを何も知らなくて、日本の関係者に教えてもらって、逆に、驚いているわけです。

　結局、歴史的な時間が違うと、同じネイション、同じ国民といっても、まったく違う。だから、あのおばあちゃんにとっては、自分たちの子孫である韓国の若者たちは、ある種、エイリアンに等しいわけです。で、そういうことを考えていくと、国民というのは、やっぱり歴史の問題を考えていかないと、どうしても理解できないのではないかと、強く感じています。

▼維新体制前夜・その①／一九七一年、衛戍令《えいじゅれい》——考える場を確立するための闘い

姜　一九七一年ころの話に戻りますが、そのときに、僕は、日本のある左翼セクトとやりあったことがあったんです。ところで、博さんは、朴正熙大統領が布いた維新体制のことを覚えていますか。

森巣　一九七二年の一〇月一七日に、まず、朴政権は非常戒厳令を布告しました。そして、国会解散、政治活動中止などを断行し、一〇月二七日に「祖国の平和統一を志向する憲法改正案」を布告した。これがいわゆる「維新憲法」ってやつです。翌月、国民投票によって通過した「維新憲法」は、一二月二七日に公布された。この、一九七二年末から一九七九年の朴正熙大統領暗殺までの時期を、維新体制期という。と、こんな感じでよろしいでしょうか。

姜　お見事。

森巣　アンチョコがありますから（笑）。ちなみに、維新体制の特徴は、大統領直接選挙制を廃止して統一主体国民会議の代議員による間接選挙制に変えたこと、それから、緊急措置令発布権・国会解散権などの強権を大統領に与えたことか。独裁体制の強化ですな。

姜　その維新体制成立直前の騒ぎの最中、一九七一年の一〇月か一一月ころだったと思いますが、ソウル大学の学生が反対デモをやったんです。そのときは反対デモをすれば即、死刑に等しいくらいの大変な状況下で、韓国の学生たちが、垂れ幕を持って街へ繰り出しました。それ

が、すごいショックで、これはもう、自分も動かなきゃいけないと実感しました。

森巣　何て言ったっけ、戒厳令じゃなくて——衛戍令。

姜　衛戍令です。よく覚えていらっしゃる。やっぱり同類で（笑）。

森巣　衛戍令というのは、韓国の大統領令の一つで、陸軍部隊が継続して一地域に駐屯して秩序維持に当たる軍事行動を認めるものですね。学生運動の盛り上がりを抑えるために、一九七一年、ソウルで発動された。

姜　そのとき、学生たちが掲げた垂れ幕の最後に「既成の言論人、知識人は猛省せよ」と書いてあった。つまり、お前たちこそがこの維新体制を支えているのだ、というわけです。だから、言論人、知識人、そして惰眠をむさぼってる学生は猛省せよ、と。

森巣　猛省というのは、反省のきついやつだ。一番、きっつーいやつ。

姜　僕は、それを見て、かなりショックを受けました。このままではいかんと思った。それで「民族の覚醒が始まった」という立てカンを、韓国学生同盟の公式スローガンとして出したんです。そして朝早く、僕が立てカンの近くを歩いていたら、ある左翼セクトの連中に声を掛けられたんです。向こうは向こうで、僕のことを、対抗するセクトの一員だと勘違いしたらしい。そのうちに、僕が、韓国学生同盟の一員だということがわかると、向こうが変に嚙み付いてきたんです。「おたくら、ちょっと変なんじゃない。民族とか何かわけのわからないことを言って。そういう民族偏向主義は相成らん」という具合に。

森巣　民族という言葉をスローガンにするおまえらは、ナショナリストだ、という理屈なんですね。

姜　僕も相当ムカついて、悪態を吐《つ》くようなことになりました。あのころは血気に逸《はや》っていたし、しかも、遅れて民族団体に入ったというビハインドを、キャッチアップしたいという気持ちがあったんですね。友人が止めに入ってくれて、事なきを得たんですが、あの出来事自体は、後から考えると、非常に重要なものを含んでいたんです。

森巣　確かに、そうですね。

姜　理論的に突きつめていくと、日本の左翼――マルクス主義というものが、民族について理解していなかったことに、だいぶ後になってから気付いたんです。今にして思えば、もっと学問的に深めておけばよかったと思う。でも、それがわからなかったんですね。とにかく、そのときは、「あいつらは、こんな日本社会のど真ん中で、せいぜい世界革命なんて駄法螺《だぼら》を吹いていればいいんだ。でも、われわれは違うぞ」という気持ちだけでいっぱいでしたから。

森巣　そう言えば、日本赤軍の重信房子[15]が、二〇〇一年の公判で、民族主義に戻るんだって言ってましたね。多民族共生で、民族主義に根ざした運動を進めて行くんだということを言ってる。情けない。ちょっとまた、おかしくなりだしてるな、と。

姜　そうでしたか。確か当時、彼女の理屈では、革命は、世界のどこで起きてもいいということだったと思います。そのころ、日本の思想家では、吉本隆明[16]とか、左翼の教祖だった革マルの黒田寛一[17]などは、一応は読んではいましたけど、あのときの僕たちにはよくわかりませんでした。それよりも、具体的に自分たちの問題を考えるときには、まず場をつくろうということだけで精一杯でした。ただ、いろんな思想書を読むよりも、じっくり先輩の言うことを聞いていると、そちらのほうが、地に足がついている印象がありましたね。

森巣　で、先ほどの権益擁護運動につながるわけだ。

姜　ところが、先ほどもお話ししましたように、韓国学生同盟の上部組織である民団は、当時はほとんど、本国権力の走狗《そうく》でした。だから、韓国学生同盟の運動の矛先が、民団の体質自体に向けられると、今度は、韓国学生同盟のほうが、民団から敵性団体処分を受けてしまったんです。突然、おまえたちは左翼で北の組織だと言われて、一方的に除外されてしまいました。敵性団体処分を受けるということは、自分たちの足場がなくなってしまうことに等しいんです。

森巣　いつのことですか。

姜　一九七二年だったと思います。確か、市ヶ谷かどこかで民団の中央集会があったんですが、われわれが行っても中に入れてもらえなくて、入り口で揉み合いになったんです。そしたら、今から考えると本当にアホらしいんですけど、韓国人同士が喧嘩しているときに、日本の警官が入ってきて、まあ、まあ、と言って仲裁してくれた（笑）。

森巣　わははは。

姜　それで今度は、韓国大使館に抗議しに行くと、ＫＣＩＡ（韓国中央情報部）が二、三人、待ち受けているんです。で、こっちが何か言うと、突然、パチパチと写真を撮る音がする。要するに、「お前らの顔を写したぞ」といって、脅すわけ。腹がたつと同時に、恐怖心もありました。

▼維新体制前夜・その②／一九七二年、南北共同声明〜一九七三年、金大中《キムデジュン》拉致事件──北と南の談合関係を見抜いた、姜尚中の先輩

姜　そういえば、当時、有栖川《ありすがわ》公園に行って、総括集会をやったりもしました。

森巣　韓国大使館のすぐそばですね。

姜　そうそう。学生集会といえば、東京都内だけではなく、白馬とか長野県の美《うつくし》ヶ原でもやったりしました。夏休みになると、在日二世の学生たちが一五〇人から二〇〇人くらい、集まるわけです。早稲田、東大、六大学周辺、それに、京大、阪大、同志社、立命館のような関西の大学とか、それに、名古屋地区の大学なんかも。

森巣　しかし、その人たちが現在何をしているかに、私は興味を持ちます。

姜　あの当時、いっしょに運動に参加した知り合いの中には、親類が留学生として韓国に渡りそこで死刑判決を受けた、なんて人もいました。それで、これも一九七二年のことですが、北の総連系の学生団体と、南の民団系の学生団体が、いっしょに集会をやったことがあるんです。

森巣　そんなことがあったんだ。

姜　南北共同声明のときです。まず、初めに、ＫＣＩＡの部長・李厚洛《イフラク》が、ピョンヤンに行きました。そして、そこで、金日成《キムイルソン》[18]と握手をした。今度は、朝鮮民主主義人民共和国のほうから首相がやってきて、一九七二年の七月四日に、朴正煕と会談して、南北共同声明を出したんです。要するに、北と南がジョイントして、声明を出した。これが実は、二〇〇〇年六月の南北首脳会談[19]の一つの原型になっているんですね。

森巣　同じ一九七二年に、キッシンジャー[20]が北京を訪ねたりしてますね。

姜　そうですね。博さんがおっしゃるような出来事もあって、冷戦体制が崩壊するんじゃないかという雰囲気がただよう中、われわれは、北の学生団体といっしょに集会をやったわけです。そのとき、民族大同団結のようないくつかの原則が出されたりもしました。で、初めてですよ、われわれのところに日本の新聞記者が取材に来たんですね。われわれのような「準犯罪者集団」のことが、新聞に掲載されるのは、当時は大変なことだった。ところが、北の学生団体と二回目の合同集会をやろうとしたときに、韓国学生同盟の一番信頼できる指導的人物が、強く反対したんです。

　彼が言うには、南北共同声明は、実は、北と南の体制が、双方、生き残りのために企てた一つの談合なんだと。これは、真の意味で、民主化や統一をなし遂げる方向に向かっていってるのではなくて、逆に、遠のいてるっていう、ものすごい判断を下した。

森巣　慧眼ですね。

姜　一方の僕は、恥ずかしながら、何の情勢判断もできなかった。

森巣　でも、内部には、かなり激しい議論があったんでしょう？

姜　彼に反発する人間は、何でおまえはそんなことを言うんだ、今、北と南がいっしょになろうとしているときに、どうしてそんな反動的なことを言うのか、と。ところが、彼は、断固として主張しつづけました。米中和解という、東アジアの冷戦構造が崩壊する中で、北と南の体制は、お互いに対立しながらも、共存し合っている。お互いの対立がなくなることは、北と南の体制にとっては、実は、ヤバいことなんだと。だからこそ、彼らは、政権レベルで会うことにしたんだと。

森巣　北は南にとっての外部であり、南は北にとって外部だったんですよね。で、両政権には外部が絶対に必要である、と。お互いの支配体制を補完しあっている。

姜　彼は、基本的に、韓国内の反共法、社会安全法、保安法、それからＫＣＩＡなどの情報組織などがすべて撤廃され、みんなが民主的に統一の論議ができる状態ができて、初めて、南北統一のプロセスが始まるんだと主張しました。それで、民団参加団体が内部分裂して、結果、韓国学生同盟と同様に、民団から傘下団体の認定を取り消されていた韓国青年同盟が、われわれよりもさらにラディカルになった。一方、北と南の統一の方向に向かって、韓国学生同盟も、一時期、「赤く」なったことがあります。

森巣　あっ、そんなことあったのですか。

姜　そして、一九七三年八月八日に、朴正煕大統領の最大の政敵であった金大中(21)がＫＣＩＡに拉致されるという事件が起きました。そして、直後に、韓民統（韓国民主回復統一促進国民会議日本本部(22)）ができた。韓国学生同盟上層部の方針に反発した仲間の何人かも、韓民統の日本本部に移ってしまいました。

　ところが、その韓民統は、事実上、北組織のフラクション（分派）なのではないかと言われて、いろんな問題があったんです。あの当時、在日韓国青年同盟の初代議長・郭東儀《クアクトンイ》とか、民団自主守護委員会の裵東湖《ペドンホ》なんていう人が、韓民統にかかわっていましたけど、これはどうも北との結びつきがあったんじゃないかという噂が飛びかいました。だから、韓民統の日本本部の議長に推されていた金大中は、一九八〇年に、朴正煕の後継者となった全斗煥《チョンドゥファン》(23)大統領から、死刑判決を受けたでしょ。

森巣　そのニュースは、英国にいたときに聞きました。

姜　韓民統は、北側からテコ入れを受けていたらしいという、真偽のほどが定かではない噂があり、だから、当時の金大中は、それとの関係を切ろうとしたのではないかと言われていました。今から思うと、僕の先輩の判断は間違っていなかったと思います。

　今でもその先輩には感謝しています。もしも、韓国学生同盟の指導的な立場であった彼が、あのときに突っ走ったら、僕はきっと、変なふうになっていたでしょう。大学院に入っていましたけど、もしかしたら、大学を退学して、今ごろ専従の活動家かなにかになってたかもしれない。ちょっとしたチンピラ活動家にね。

森巣　なるほど。

姜　その先輩は、今は、司法書士の世界でかなり頑張ってますが、今でも、日本名で仕事をしています。日本名を捨てた僕とは、まったく逆の選択をしたわけだけど、彼は彼で、そうすることによって、逆に、何か日本社会に訴えられるものがあるんではないかと考えたんですね。実際、仕事では、非公式に自分のことを話しながらやっているようなので、かかわる人は、彼が在日であることはすぐにわかるわけです。

おもしろいのが、帰化行政に対する彼のスタンスです。司法書士ですから、在日韓国人とか中国人が帰化を申請するときに書類を整えるだけで、本来なら一口あたりかなりの額をもらうことができるんです。つまり、帰化を勧めると儲かるわけです。

森巣　一種の利権だ。

姜　そうですね。しかし、彼はそこで、自分も帰化しないしあなたにもしてほしくないと言う。そこが逆説的で、そういった行動を、日本名でやっているわけなんです。

森巣　彼の存在自体が、在日という立場の、ある意味での象徴ですね。

姜　もう一人、当時、一番仲の良かった友人なんかは、韓国語もできたし、韓国との結びつきもあったから、卒業後に韓国貿易の会社に入ったんです。けれども、彼に言わせれば、七〇年代の半ば、日韓貿易なんてものは存在しないにも等しいくらいささやかなものだった。さらに、維新体制を支えた大物政治家、金鍾泌なんかが、日韓貿易の利権に深く関与していることで、彼は、ずいぶん、悩んでいましたね。当時、いっしょに酒を飲んだりすると、「日韓貿易をやることは、日韓癒着を末端で支えることじゃないか」とか言って、かなり荒れてましたね。今から思うと青臭い話ですが。

森巣　いや。どんな状態でも、人間は生きつづけなければならない。

姜　その彼は、二〇〇〇年六月の南北首脳会談を見とどけるように、九月に癌で亡くなりました。彼の壮絶な死を目の当たりにして、歴史のめぐり合わせに、感慨をあらたにした次第です。

▼一九七五年、姜尚中が、マックス・ウェーバーを学ぼうと思ったきっかけ——なぜ、自分たちはこんなに惨めなんだろう

森巣　そこで、私は、先ほどの「アイデンティティへの自由」というものに、また、こだわってみたいのです。つまり、姜さんの場合、「自分が在日韓国人であることを人前で公表・表現する自由」ですね。姜さんは、それまで、隠蔽して生活してきた部分があったと思うのです。でも、学生運動に深くかかわるうちに、その枷《かせ》から逃れることができた。そういう意味での自由は、あったんじゃないかと。

姜　でも、さっきも言ったように、今から思うと、ノミナル（名目上）にはそうだったけど、理屈だけで練り上げたアイデンティティで、全然、身体化されてなかったわけです。

森巣　身体化か。なるほど。

姜　そのころの自分は、上半身だけで考えてたと思う。だから、そのあと苦しかったのは、大学四年でみんなバラバラになるでしょう。すると、七〇年代前半に芽生えた歴史感覚はふたたび希薄になり、結局、もとのような、共通の歴史から疎外された「私」だけが残った。僕は、大学院に進んだんだけど、何を勉強したらいいのか、全然わかりませんでした。最初の一年くらいは、まだ、学生運動をやってましたし。

森巣　本格的に勉強を始められたのは、大学院の二年生からなんですね。

姜　ええ。大学院の二年目、一九七五年ころからですね。

森巣　そのころには、すでにマックス・ウェーバー[24]の研究を始められていたわけですね。

姜　はい。

森巣　では、ここで質問。なぜ、姜さんは、研究対象としてマックス・ウェーバーを選ばれたのですか？

姜　そうですね。まず、学生時代、とにかく主流だったのが、マルクスかウェーバーでしたから。日本の論壇では、大塚久雄[25]や丸山真男や川島武宜《たけよし》[26]とか、内田義彦[27]の言葉を借りれば、「市民社会派青年」世代の影響力が、まだ、支配的でした。それで、そういう思想家たちを内側から批判していくような道筋がないか、どこか探っていたような気がします。

森巣　なぜ、そういう気持ちがあったんでしょう。

姜　たぶん、大学生のころの僕の中に、なぜ自分たちはこんなに惨めなんだという思いが強くあったんだと思います。在日一世の父親や母親を見たりすると、なぜ彼らはこんなに後れているんだ、と暗澹たる思いに駆られてしまう。そして、自分の中にも彼らと同じような遺伝子があるんじゃないかと考えたことさえありました。その遺伝子こそが、自分たちの境遇を生みだす原因なのではないかと。

森巣　のちの「中国人犯罪者民族的ＤＮＡ」論の石原慎太郎じゃないけど（笑）。

姜　で、そういう後れたＤＮＡという、今にして思えばとてつもなく差別的な発想を、文化論の衣でまぶしたのが、大塚久雄の経済史研究の中にあるように思えて仕方がなかったのです。

森巣　『近代欧州経済史序説』とかね。

姜　大塚久雄の理論で、とくにインパクトが強かったのは、アジア的人間類型。大学に入って、岩波新書の『社会科学の方法――ヴェーバーとマルクス』を読んだのが運の尽きでした。彼の講演を聴きに行ったら、また、実によく整理されているんです。

森巣　どういう内容なんでしょう。

姜　近代化をめぐる論考なんですけど、結局、欧米型ではない社会が社会主義を取り入れようとすると、中国やソ連のように、スターリニズムを招来してしまうのだ、という論旨ですね。で、その「型」というのが、単に社会的な構造の問題ではなく、社会をつくりだしているところの主体の行動様式とか、価値観とか、民族のエートスだと言うんです。

森巣　エートス。「ある民族や社会集団にゆきわたっている道徳的な慣習・雰囲気」（『広辞苑』）か。何だか、運命論、本質主義の論理展開ですね。

姜　単に、構造的に後れているんだったら、努力すればいつかはキャッチアップできるかもしれない。でも、これでは――。

森巣　変えようがない。

姜　あのとき流行った言葉が「価値転換」でした。大塚久雄も確か言っていたと思います。近代化を成し遂げるためには、価値を変えなければならない。それが人間革命なんだ、と。

森巣　救いようもなく抑圧的だ。

姜　でも、戦後民主主義を担っていた学者や思想家の中には、どこか大塚久雄から受け継いだものがあったと思うんです。運命論ではありませんが、文化のあり様と人間類型が根本的に違うからこうなってしまうんだ、というわけですね。でも、大塚久雄的な論理展開を受け入れてしまうと、「在日」である自分たちは、「劣等性」から永遠に脱却できないのではないかと考えました。いつまでたっても日本社会の隅っこで、後れたまま、後ろに引っ付いていくことしかできない。

森巣　嘘まみれの理論です。

姜　僕にとって、あのとき、近代化論の問題はかなり大きかった。それは単に理論の問題じゃないんです。少しでも「野蛮」な状態から抜け出して、近代化のコースに近づかなければならない。そういう強迫観念がありました。でも、勉強すればするほど、ますます惨めになっていく。ドイツに留学するまでは、そういう強迫観念にずっと囚われつづけていました。

森巣　ウェーバーを研究すると、変わりうるということなんですか。それとも、内在的な批判として取り組んだのか。

姜　大塚久雄を始めとする近代化論のよりどころが、全部、ウェーバーなんですね。だからウェーバーを読み直せば、その手がかりが見つけられるんじゃないかと思った。それが一番大きかったですね。それに、われわれの学生のときは、とにかく、マルクスとウェーバーが全盛でしたから。

▼七〇年代後半の知的雰囲気——なぜか柳田国男ブーム!?

姜　一九七九年にドイツに留学する前、「マルクス葬送」というフレーズが、人口に膾炙《かいしゃ》するようになっていました。

森巣　七〇年代の終わりになると、マルクス主義は終わったという雰囲気が蔓延していましたね。

姜　一方で、意外なことに、柳田国男[28]ブームがあったんです。おそらく、左翼運動に挫折した人たちが、そちらのほうに流れていったんじゃないかと思います。思想的には、吉本隆明の大衆論みたいなものをくぐり抜けた人たちが、柳田国男に飛び付いたんでしょうね。でも、そのときの僕は、柳田国男を新国学だと思ってました。つまり、大衆レベルからの日本論ですね。

森巣　まるでそのとおりでしょう。とりわけ英語圏の学術ジャーナルでは、柳田国男派はこてんこてんに批判されました（例えば、“Journal of Asian Study”）。ところが、その議論は、決して日本にたどり着かないのですよね。

姜　僕は、生理的にどうしてもついて行けなかった。民俗学に通底する、日本社会のある種の原型みたいなものを、強く感じてしまったんですね。村井紀[29]も、どこかで批判してたかと思います。しかし、柳田学には、ナショナル・アイデンティティを強化する面とは別に、地域社会を見直すような側面もあったと思うんです。例えば、柳田学を丁寧に検証していけば、方言が国語の成立に向けてどのように簒奪《さんだつ》されていったのかなど、ナショナル・カルチャーを解体する可能性は充分あったと思います。それを、現在、民俗学者の赤坂憲雄[30]なんかは、地域学としてやっている。

森巣　東北学ですね。

姜　ただ、それは、ネオ国学的なものになりかねない。

森巣　明らかにナショナルな要素を含んでます。だから結局、赤坂さんは加藤典洋を評価しちゃうわけでしょ。

姜　だから、彼は、それを北方にまで広げようとしていた。このように、七〇年代の半ば以降から、ナショナル・カルチャーそのものではなく、ナショナル・カルチャーが成立するために、隠蔽されてきたものを明らかにしようとする運動が起こってきました。

森巣　それは、網野《あみの》史学の重要性にもつながりますね。

姜　網野善彦[31]も、それとは無縁じゃないんです。みんなが、意識して連帯してたわけではないんですが、そういうものが、散在してたんじゃないでしょうか。一つの流れではなかったけど、海外の思想動向に関係なく、日本の内部から出てきた運動もあったんですね。

森巣　それは理解できますが、相変わらず、ナショナルな境界でくるんだ日本人論、日本文化論、日本文明論というのが、いわゆる、七〇年代後半のアカデミック・ジャーナリズムの中で流行っていたと思うのです。これは、現在までつづいている。研究者に与えられる文部科学省の科学研究費（いわゆる「カケン」）とも無関係じゃなかったのじゃないかな。私はとても恣意的なものを感じるのですよ。例えば、「日本人の起源の研究」みたいなテーマだと、「カケン」は大盤振舞いをしてたわけでしょ。

研究者たちはその金で連夜ドンチャン騒ぎをやっていて、東北や九州の畑を掘っくら返していた。

何やってんだよ、あんたら。「日本人の起源」を調べるのなら、何でアフリカに行ってサバンナを掘っくら返してこなかったんだよ、と私は言いたい。

姜　博さん、今、あなたは「日本人の起源」の研究にかかわる、とてもすごい発言をしたのですよ（笑）。

森巣　充分承知しております（笑）。一方で、カルチュラル・スタディーズのような思想潮流は、長い間、黙殺されつづけたわけです。

姜　今にして思えば、カルチュラル・スタディーズの代表的な研究者であるスチュアート・ホールは、大英帝国の植民地で生まれて、やがて、旧帝国の中でサッチャー批判などを展開したわけです。これに倣えば、在日韓国・朝鮮人の中から歴史学者が出てきて、ナショナル・アイデンティティを過激に解体していくような研究をしていれば、だいぶ状況は変わっていたかもしれません。

森巣　なるほど。

姜　でも、当時の在日の人たちは、朝鮮民族も、日本と同じように近代化できる可能性を持っていたのだ、ということを論証することに情熱を傾けていたわけです。つまり、民族主義的な考え方が、歴史学のベースにあったということですね。越境とか、アイデンティティの問題を考えていくことは、なかなかできなかった。他ならぬ、僕自身がそうだった。でも、今にして思えば、それも仕方がないというか、むしろ、当然のことだったんですよ。

森巣　しかし、文学ではちょっと違うんじゃないですか。

姜　文学では、越境とかアイデンティティの問題に向き合うベクトルはあったと思うし、意外に高く評価されてもいましたね。例えば、李恢成や李良枝《イヤンジ》(32)は、早くから芥川賞を受賞しています。それも非常に捩れていて、スチュアート・ホール的な感性を持った人間にかぎって、人文社会系の学問よりも、むしろ、文学のほうに行ってしまいましたね。それから、日本におけるマルクス主義の土壌は、カルチュラル・スタディーズを生んだイギリスの風土とは、根本的に違ったんじゃないかと思います。それはドイツに行ったときに実感しました。

森巣　読者の方のためにご説明しますと、カルチュラル・スタディーズの理論的な部分には、六〇年代以降の構造主義、ポスト構造主義だけでなく、社会主義思想内部での批判派の影響もかなり色濃いのです。

姜　ドイツの場合、若干、歪《いびつ》な構造になっていました。東西分断の影響で、革命論的なものに結びつくマルクス主義は、ほとんど受け入れられないんです。それで、当時のドイツの学者たちは、マルクス主義の中でも異端的なものを発掘するか、マルクス主義という形で固まる以前のマルクスを読むか、あるいは、ヘーゲルとカントを読み直すかしていました。日本のマルキストでは、廣松渉《ひろまつわたる》[33]が受け入れられていましたね。

森巣　ああ、そうですか。

姜　ところが、日本のマルクス主義の場合、世界に例を見ないほど、異常に革命論的なものに結びついていたんです。マオイズムの導入も早かったし、そもそも、日本共産党がまだある種の権威として残っていたわけですよ。

森巣　六〇年代以降だと、それはどうかなあ。私は同意しかねます（笑）。

姜　ともあれ、日本共産党へのアンチテーゼとして、いろいろな種類のネオ・マルクス主義があったことは事実です。今から思うと、七〇年代の初めは、マルクス主義は、思想的にも運動的にも、とにかく非生産的なものでした。一九七二年には、連合赤軍事件[34]があったでしょう。

森巣　七〇年代は不幸な内ゲバの時代でした。

姜　ところがイギリスの場合には、フェビアン協会の伝統もあるし、労働運動の歴史もある。その中で、イタリアのグラムシや、フランスのアルチュセール[35]といった、ヨーロッパのマルクス主義者たちの最良の部分が、いち早く受け入れられていました。それから、スチュアート・ホールが影響を受けた、レイモンド・ウィリアムズ[36]のような人もいた。

▼一九七九年、ドイツ留学――ドイツの在日問題との出会い

森巣　ドイツに留学したのは、一九七九年なんですね。

姜　そうですね。この年、朴正熙が暗殺され、維新体制が終わりました。

森巣　それも、象徴的だ。

姜　今でも覚えているんだけど、当時一番安かったアエロフロート機でドイツに渡って、フランクフルトの地下鉄をとぼとぼと歩いていたら、最初に声を掛けてきたのが日本人だったんです。彼は東芝か何かの技術者で、ジーメンスに企業研修で来てたらしい。その彼が、開口一番、「いやあ、西ドイツはあんまりアジアのことを知らない。その中でも中国や朝鮮はまるっきりダメで、通用するのはせいぜい日本くらいだよ」なんて言うんです。僕は、日本から逃れるた

めに遥々《はるばる》ここまで来たのにと、到着早々、暗澹たる気持ちになった（笑）。

森巣　そう言えば、私が最初に見たアフリカは、何と、セイコー。一九七二年だったかな。アフリカ、アフリカ。アフリカと聞くと心が揺れると思いながら、アフリカで最初に見たのは、「セイコー」という大きなネオンサイン。スペインのマラガから船で出て、モロッコに着いたときでした。

姜　北アフリカですね。

森巣　はい。そしたら、セイコー（笑）。

姜　僕が、ドイツに行ったときも、似たような体験をしました。おそらく、日本製品が世界に氾濫するのは七〇年代の半ば前後からですね。メイド・イン・ジャパンっていうのがブランドになっていった。

森巣　ブランドになり出したころですね。ソニーはもうちょっと早かったんですが。

姜　留学先は、ニュルンベルク近郊のエアランゲン大学でした。でも、あまりいい思い出はありませんね。ドイツに行っても非常に不遇だったし、言葉はできると思っていたのに、最初のうちは通じなくて困りました。

森巣　食事もジャガイモとソーセージだけだし（笑）。

姜　ドイツ語の筆記試験や、専門に関する議論については、あまり問題がなかったので、多少、自信は取り戻せましたけど、日常会話はあまり進みませんでした。それで、やっぱり、だんだん孤立してしまったんです。

そんなときに、学生寮の中で、あるギリシャ人留学生に声を掛けられたんです。名前は、インマヌエル・スタブロラキスと言いました。彼は、医学生でしたが、なぜか、日本語が少々できたんです。平仮名や片仮名を知っていて、漢字もある程度読めた。程なく、彼とは、互いの部屋を行き来する間柄になったのですが、あるとき、僕に対して、おまえはやはりヤパーナー（日本人）じゃないか、と言うんです。それに対して、僕が、ヤパーナーではない。しかし、生まれは日本で、と言って、自分のアイデンティティを説明するんだけど、彼にはよくわからなかったようです。それに、彼は、ギリシャ人としての強烈な民族意識を持っていましたし、しかもクレタ島の出身だった。あまり詳しくはわからないけど、ギリシャにおけるクレタ島というのは、イタリアにおけるシシリー島のようなところがあるんじゃないかと思います。

森巣　でも、ドイツ社会に生きるギリシャ人というのは、もしかしたら、姜さんの半生にも通じるものがあったんじゃないですか。

姜　おっしゃるとおり。あるとき、ミュンヘンに住んでいる、インマヌエルのお父さんとお母さんの家に行って、食事をご馳走してもらったことがあるんです。そしたら、驚いたことに、彼らは、結構、ニンニクを食べてるんですよ。

森巣　そりゃ、食べますよ。

姜　確かにそうなんだけど、韓国のサンゲタンと同じような料理もあるんです。ニワトリにもち米やら薬草やらを詰め込んで、ボロボロになるまで煮込む、あれです。

森巣　私も好物です。

姜　確かに、偶然かもしれないけれど、当時、ギリシャ人たちが、ドイツ社会ではどのような立場にあるのかを考えさせられるきっかけになりました。東のアジアと西のヨーロッパで、何かパラレルなものを感じたんですね。それで、逆に、自分は救われたように思うんです。徐々にではあるけれど、ドイツ留学中に、「日本」対「在日」という、二項対立の図式が崩れて、もうちょっといろいろなものを、横に広げて考えられるようになりました。

森巣　在日問題、あるいは後の言葉で言えば「ディアスポラ(37)」は、決して例外ではないということに気付かれたわけですね。

姜　後年、東京大学出版局の新しい世界史シリーズ第八巻、『異郷と故郷―ドイツ帝国主義とルール・ポーランド人』で、伊藤定良《さだよし》(38)さんが、在日の問題意識を、西洋史の立場から書いてくれたんです。

森巣　どんな内容ですか。

姜　一七七二年に始まるポーランド分割の結果、ドイツに大量のポーランド人が移住しました。そんな中、ルール工業地帯で働いていたポーランド人たちは、名前をドイツ名に変えているんです。しかも、ドイツ語ができない場合には、かつての沖縄人のように方言札を付けられていたようです（沖縄では、方言を使うと次に使う人が現れるまで「方言札」と書かれた板をぶら下げなくてはならないという決まりがあった)。これはもう、まるっきり日本の植民地政策と同じです。伊藤定良さんの本には、本当にびっくりしました。何で今まで西洋史をやっていて、こんな重要なことが見えてこなかったのかと思ったくらいです。

森巣 沖縄のあれって、方言札って言うんですか。中国文化大革命のときの三角帽と似てますね。しかし、方言札というのは、次の人に手渡すまで掛けていなければならなかったという点で、より陰湿陰険でした。帝国主義の本質の表象みたいなものでした。

姜 それから、一八九五年に、マックス・ウェーバーが、有名な「国民国家と経済政策」という講演をやっています。それは、ポーランド人がドイツ国境内に入ってくることになって、ドイツの安全や、ドイツのナショナル・セキュリティがどうなるのか、という内容なんです。

ウェーバーは、その講演の中で、ドイツ人の労働者はポーランド人の季節労働者に押される形でルール工業地帯で流民化しつつある、と分析しました。そして、それを許しているユンカー支配に対する批判を展開しているんです。そのときに僕は、まるっきりポーランド人のことを見てなかった。

森巣 つまり、ドイツにおける在日問題ですね。

姜 そうですね。ポーランド人の側からドイツを見たらどうなのか、あるいは、ウェーバーの学説に含まれる抑圧性をどう捉えるのか。そんな基本的なことに、伊藤さんの本を読むまで気付かなかったんです。自分はまるっきり見えてなかった。自分は、どこにポジションを置いて物を見てきたのか。『異郷と故郷』に出会って以来、僕は、ますます、ウェーバーの学説を額面どおりに受け取ってはダメだと思うようになりました。

▼経済ナショナリズム下の苦闘／一九八一年、ドイツからの帰国〜一九八六年、指紋押捺《おうなつ》拒否問題

森巣　留学を終えられて、帰国したのはいつですか。

姜　一九八一年です。それから、結婚をして、埼玉の公営団地に入りました。２ＤＫくらいで、家賃は、月に数万円ぐらいでした。それで、すぐに明治学院大学で非常勤講師をするようになりました。バブルの全盛期で、ゆるぎない成長神話のもと、ジャパン・アズ・ナンバーワンという言葉がささやかれ、誰もが、日本はアメリカを追い越すんじゃないかと思っていた。

森巣　皇居を売ればカリフォルニア州が買えるというような、バカな言説が流れた時期。それなら、カリフォルニア州を買っときゃあよかったんだよ。買っといて、皇居は今、買い戻せばいいいんだ。そうすれば、カリフォルニア州がほぼただで入手できた。それが「国益」というものじゃないのかしら（笑）。

姜　あのときは、本気で、日本が帝国になるんじゃないかと思っていました。アメリカよりも日本のほうが、何か眼前に立ちふさがってる巨大なものに見えたんですね。その後に、一九八五年のプラザ合意。円がはね上がって、巷に行けば、夜はもう、あちこちですごい大盤振舞い。

森巣　そうでしたね。あの金はいったいどこに消えたのか。すべて銀座のションベン、築地の

ウンコ、赤坂のセーエキとなってしまったのか。

姜　そういう状況の中で、僕は、しがない非常勤を幾つか掛け持ちしながら、やっとこさ生活をしていました。

一九八一年に帰国すると、日本は、信じられないぐらいの繁栄と豊かさに包まれていた。一方、他の先進国がひどい状況になっていくんです。これからは、欧米といえども、日本を知らなければいけない、とまで言われていました。僕自身、日本社会に、いよいよ本格的に目を向けなければいけないと思いはじめていました。

森巣　一九八〇年代とは、先ほどお話しされた、経済ナショナリズム真っ盛りの時期でした。

姜　学生時代に自分が得ていた知的パラダイムに対しても、非常に挑戦的な気持ちになっていましたね。中心的な理論や言説を批判的に解体することで、一矢《いっし》報いられるんじゃないかと、いつも考えていました。つまり、在日韓国人だからこそ見える日本社会の構造を明らかにしたいと。今にして思えば、無意識のうちに脱構築[39]的な方法を模索していたんでしょうね。外側からではなく、内側にもぐりこむことによって、社会構造そのものを反転させるような道筋を模索すること。それを、日本社会にもっとも近くて、同時に、もっとも遠い人間がやること。当時、ジャック・デリダ[40]も読まずに、何となく考えていたことだったけど。それで、一九八三年か八四年ころに、僕は、「朝日新聞」の論壇に投稿してるんですよ。

森巣　そうなんですか。どんな内容だったのですか。

姜　八月一五日をめぐる問題について書きました。日本にとっての敗戦が、隣国にとっては解放であることの意味を、もう一回考え直そう、という内容でした。それを、どういうわけか朝日が載せてくれたんです。それやこれやで、指紋押捺の問題が起きた。一九八五年のことです。

森巣　姜さんの八〇年代体験の一つの頂点ですね。読者のために、指紋押捺拒否運動について、若干のご説明をお願いします。

姜　当時、外国人登録法で、日本国内に居留する外国人に対し、指紋押捺義務が定められていたんです。指紋押捺拒否者は一九五〇年代からいましたが、一九八〇年の韓宗碩《ハンジョンソク》の拒否以降、急速に、問題が顕在化しました。一時は、押捺拒否・留保者は、一万人を越えました。結局、一九九三年に永住者・特別永住者の、二〇〇〇年にすべての外国人の指紋押捺制度が廃止されましたが、あの当時は、これからどうなってしまうのか、まったくわからなかった。

森巣　そうでしょうね。

姜　騒ぎの過程で、埼玉の団地の契約も拒否されることになりました。でも、不思議だったのは、僕の父親と母親はそういう問題をこれまで一言も口にしたことがないのに、あのときだけは、「自分も拒否した」って言ってくれたんです。父親と母親が、熊本の市役所に行って、「やっぱり、これはつらかけん」と言って。僕は感動して、ちょっと泣いたんです。およそ、そういうことをやらないような人たちが同じ行動をしてくれたので、これは、僕たちに正当性があると感じることができました。

森巣　そしたら、どこかで姜さんを犯罪者扱いする記事が出ましたね。

姜　埼玉県では僕が第一号で、第二号は、作家の金石範《キムソクポム》[41]だったと思います。二人で指紋押捺拒否問題について津田塾大学で講演をしたことがあります。そのとき、ダグラス・ラミス[42]さんが、僕たちを案内してくれました。

森巣　協力者もいたんですよね。

姜　ええ。この問題が起こる前はドイツにいて、その前は大学院、その前は学生団体にいたから、日本の地域社会が全然見えていなかったんですね。その地域社会の人たちが、僕の周りに集まって、いろいろとサポートしてくれました。いわば、知的中間層とでもいうべき人たちです。

森巣　きっと、その後に、バブルに乗り遅れた人たちだ（笑）。

姜　彼らが、指紋押捺制度に対して、非常に違和感を持ってくれたんです。これは、日本社会の中に、市民の地域的なグラスルーツ・デモクラシー（草の根デモクラシー）ができつつあったことの、一つの例かもしれません。そのとき、自分が、こういう活動に携わっている人たちにまったく目を向けていなかったことに気付いたんです。父親が亡くなったときも、その地域グループの人たちには本当にお世話になりました。

森巣　お父さまが亡くなられたのは、何年ですか。

姜　一九八八年、昭和天皇が亡くなる二ヶ月ほど前です。そのちょっと前に、ソウルの叔父さん（父の弟）も亡くなっていました。だから、あのころは、在日一世たちの死に対する哀惜の念と、こんな仕事をやってても将来もなさそうだし、しかも、だんだん自分はこの社会から落伍していってるんじゃないだろうかという気持ちと、いろいろな感情がくすぶっていましたね。

森巣　それから、姜さん夫妻は親になる。親になるとは、いろいろな問題を次世代まで持ち越すわけで、アイデンティティに大きくかかわる出来事だったでしょう。

姜　そうですね。確かに、息子ができたのは大きかった。なぜなら、この息子はこれからどうなるのかという問題に、否応なく突きあたるわけですよ。それで、今から思うとそれも観念的だったのですが、ナショナル・アイデンティティ、あるいは、民族アイデンティティの問題を、もう一度突きつめて考えてみなければならないと思ったんです。ただし、それは、ドイツに行って狭隘《きょうあい》な民族主義の殻から脱却していましたから、学生時代とは違うわけですね。しかも、一九八五年の九月以来、ほぼ半年間、指紋押捺を拒否していたから、最後は、押さなければ収監されるところまで来ていたんです。

　支持者の中には、学生運動をやっていた人もいて、「とにかくもっと頑張るべきだ。たとえ、姜さんが収監されても、自分たちがいろいろ働く」と言っている。だから僕が、彼らの運動をつづけていく、いかないの、最後のキャスティングボートを握る形になってしまったんです。

森巣　それはシンドイなあぁ。

姜　本当に。どうしたらいいか、散々、悩みました。そのとき、支持者の中心的な存在であった、ある教会の牧師さんに相談したら、こんなことを言ってくれたんです。「姜さん、市民運動っていうのは、ある意味で、いつも敗北を運命づけられているんだ。だから、市民運動が国家権力と対等にやれる状況になったことだけで、もう、それなりの意味はあるんだよ。だから、姜さんが、今、指紋を押すことは、決して逃げたことにはならないんだ。むしろ、姜さんをそういうふうに追いつめている日本の社会が問題なんだ。姜さんは、自分の考えでそれを決定するのが当然だし、それに対して、周りの支持者には何も言う権利はないんだよ」と。

森巣　なるほど。説得力がありますなあ。

姜　一九八六年、三月末、僕は、指紋を押捺しました。結果、僕から離れていってしまった人もいるし、そうでない人もいます。

森巣　市民運動からのバッシングか。

姜　その後すぐに、僕は、明治学院大学を辞めて、国際基督教大学で職を得ました。そして、地域社会との関係も、だんだん、切れていってしまいました。ただ、あそこでやったことには非常に意味があったと思っています。そのとき、たまたま近くに住んでいた女性活動家に誘われて、東京を中心とする民放のテレビ番組に出演しました。テーマは、女性差別の問題で、そのときにコメンテイターとしていっしょに出演したのが、現在、社民党の参議院議員になっている福島瑞穂です。そのあたりから、少しずつ、メディアとの関係ができてきたんです。

▼一九八九年、昭和天皇の死

姜　時間は少し飛びますが、昭和天皇が亡くなりました。

森巣　バブルの真っ只中でしたね。

姜　昭和天皇「崩御《ほうぎょ》」の一報がメディアに流れた途端、バブル全盛期の東京から、光が消えたんです。新宿の飲み屋から出てきたときに、その光景に出会いました。それはもう、圧巻でしたよ。そのとき、いっしょにいた在日一世が、これが日本だと言ったんです。これこそ、自分が知っている日本だと。

森巣　あのときは、本当に、五〇年ほどタイムスリップしたような感じでした。一億総自粛。心はひとつ隣組。

姜　それこそ、自分は日本を知ってるつもりだったけど、まったくわかっていなかったんじゃないか、という疑問に駆られました。自分は、向き合う相手のことをあまりにも甘く考えすぎていたのではないか、と。そのときになって、初めて、在日一世がどんな時代を経てきたのか、追体験できたような気がしました。

森巣　わが一家は、あのときたまたま東京におりまして、あの日の夜、皇居隣にある九段グランドパレスホテルに、妻と子を連れ、メシを食いに行ったんです。料理を注文して、「お飲み物は」って言うから「ビール」って答えると、ボーイが嫌な顔しましてね。私が、「出さんのか」と訊《き》いたら、「いえ……、出します」と（笑）。気分を壊されたので、ビールだけ飲むつもりだったのですが、「ワインもどんどん持ってこい」ということになって、ヒンシュクを買いました（爆笑）。

姜　当時、その異様な状況を、いろいろな評論家たちが、メディア論とか文化論とかを援用して分析していましたけど、僕も、初めて、「思想」誌（岩波書店）に文章を書いたんですね。要するに、在日の書き手は、あの哀悼セレモニーの中では、いなければならない存在だったんですね。在日という、マイノリティの他者がいることによって初めて、日本人の哀悼の共同体が成立するわけです。そこに確かにいるんだけど、いてほしくない存在でもある。そういう役回りを、在日の人間たちは、日本という共同性の外側で果たしていた。そのときに、僕は、二度とないような経験をしたような気がしました。そして、日本の社会に対して、ものすごい不気味さを感じた。つまり、こういう状況になると、この社会はこんなふうになるのか、と。

森巣　だけど、いいニュースもありましたよ。ビデオ屋に行くとレンタルビデオが棚からまったく消えていて、残ってたのは、昭和天皇の生涯を描いたテープだけだったという（笑）。

姜　当時、テレビでは、朝から晩まで昭和天皇の哀悼番組を垂れ流していて、バラエティ番組などはすべて自粛という状態でしたからね。

森巣　それから、印象に残ったシーンがあります。あるテレビ局が、街頭インタビューをしていたら、「私は在日韓国人だ」と答えた人がいたんです。そしたら、インタビュアーは、「ああ、わかりました」と言って、さっさと次の人にインタビューをした（笑）。ありゃ、生放送だな。

対応のマニュアルに載っていなかったから、無視する。黙殺する。

姜　本当に、何をわかっていたんでしょう。哀悼の共同体に何かノイズを入れるような存在がいるということ自体を消去したいし、そういうことはあってはならなかったんでしょうね。だから、民団だったと思いますよ、最初に半旗を出したのは。自分のところに批判が来る前に、さっさと対応してしまった。

森巣　おもろいな。

姜　そこまで気をつかわなければならない状況だったんです。だから、僕は、日本人である連合いの顔を、しげしげと見つめてしまった（笑）。

森巣　想像できるなあ（笑）。

姜　あらためて、これが日本かという気持ちになりましたね。自分は、日本と、もう一度、向き合いなおさなければならない、と。あのときが初めてじゃないかな。それまで知らなかったような、わけのわからない怒りが、ひしひしと湧いてくるのを感じました。

森巣　そして、いよいよ、姜さんの研究者として、そしてソシアルコメンテイターとしての本格的なお仕事が始まるわけですね。それ以後の活動は、詳述の必要はないかと思いますが、考えてみれば、それは、九〇年代日本のネオ・ナショナリズムが顕在化していく時代でもあるんですよ。姜さんの分析で言えば、戦後の経済ナショナリズムが崩壊し、一気に、政治的言説としてのナショナリズムが復活した時期と言えるでしょうか。姜さんの個人史をたどってみると、

『ナショナリズム』で描出した、日本の「国体」ナショナリズムの陰湿で粘着質な連続性が、確かな実体として納得できる気がします。

▼姜先生、長々とお疲れさまでした！

森巣　三日間にわたり、よく飲み、よく遊び、よく語ってくださったので、ひとまず、このあたりで一段落といたしましょうか。

姜　本当に、何だか、ずいぶん語ってしまいました……。

森巣　とにかく、大きく分けると二つのテーマについて、姜さんに話していただきました。一つは、日本の「国体」ナショナリズムの流れ。もう一つは、姜さんの在日二世としての貴重な個人史。前者の話で、九〇年代の日本のネオ・ナショナリズムが、戦前の「国体」ナショナリズムと地下水脈でしっかりとつながっていることが明らかになりました。そして、それを可能にしたのは、どうやら、戦後、日米談合の結果可能になった、経済ナショナリズム体制だということも、非常によく理解できたような気がします。それから、後者の話で、在日韓国・朝鮮人という日本内部の他者の視点から、戦後日本のナショナル・アイデンティティ空間に、風穴を空けることができたのではなかったかと思います。

姜　しかし、まだまだ、話したりないことがあります。

森巣　そうですね。日本の九〇年代ネオ・ナショナリズムが、実は、グローバル化の大きな流れと表裏をなすものであること、そのグローバリズムが現在どんな問題を誘発しているのか、そして、排他的なナショナル・アイデンティティという病、つまり、必ずしも日本特有のものとは言えない病を、いかに乗り越えていくかなど、もっと突きつめたかったところもありました。

姜　それに、博さんの過去は、依然として、闇に包まれたままです……。

森巣　私の物語はいいの（笑）。姜さんと違って、原稿用紙一〇行分にもなりゃしませんよ。ただ、ひたすら、遊びまくってただけなんだから。

姜　……納得がいかない（笑）。

◎担当編集者から森巣博への手紙

森巣博さま

前略、対談テープを郵送していただき、誠にありがとうございました。早速、じっくりと聴かせていただきましたが、おっしゃるように、非常に刺激的な内容でした。とりわけ、姜さんの個人史的なパートは、圧巻の一言です。

ところで、数日前に、姜さんから私宛に電話がありました。姜さんがおっしゃるには、是非とも二回目の対談を設定してほしいというのです。私自身、お送りいただいたテープの末尾でお二人が話されていたとおり、ナショナル・アイデンティティに関する議論自体、まだまだ、継続の必要があるように感じていました。姜さんからの申し出は、こちらとしては願ってもない話です。

電話の様子では、姜さんは相当、気合が入っている感じでした。「今度は、博さんの過去をこちらが聞きだす番だ」なんて、ずいぶん張り切ってましたよ。しかし、その結果、対談自体が、今回にましてスリリングな展開になるのであれば、それはそれで編集者冥利《みょうり》につきます。第一回目の対談が、姜さんの講義的な側面が強かったのに対して、第二回目は、お二人の間で、論のガチンコがありそうな予感がします。

確か、森巣さんが、次に日本にいらっしゃるのは、来年、二〇〇二年の四月ころでしたね。ゴールデンウィーク前の大変お忙しい最中になってしまいますが、是非ともお時間をいただければありがたいです。次回は、さらに本気モードの姜尚中教授が相手とあらば、森巣さんも本望でしょう。とにかく、骨は拾いますので、何卒よろしくお願いいたします。

草々

担当編集者より

二〇〇一年一二月某日

◎森巣博から担当編集者への返信

担当編集者Oさま
集英社新書編集部

冠省。やはり大兄は勘違いなされているのですな。この本の面白さは、チューサン階級を代表する私ごときチンピラが、当世きっての知識人、東京大学社会情報研究所の姜尚中教授に素朴な疑問をぶつけていく部分にあるのです。そこを忘れてはいけません。

姜さんのような方にまともに切り込まれても、私は対応できないでしょう。ただ前回の対談は、八〇年代末までで終了してしまった、という感も否めますまい。それに、もっと姜さんに伺いたい部分もございます。

それで、第二回目の対談は私も望むところです。しかし、弱気になりました。要求を半減します。一五〇万円を私のシドニーの口座にお振り込みください。四月に日本に行きましょう。

時に、「冠省」で始まる手紙は、何と書いて締めるのでしょうか？　まだわかりません。

二〇〇二年一月七日

森巣博拝

追伸、対談の構成上、どうしても御必要ということであれば、私の過去に触れるのにやぶさかではありません。しかし、事前に申し上げておきますが、私には、どうしても人前では語れない部分があることだけは、あらかじめご諒承ください。

Kang Sang-jung

Morris Hiroshi

第二部　グローバリズム／故郷をめぐる対話

——豪州博奕打ち、東大教授に会いに行く

（二〇〇二年四月一九日／東京お茶の水、山の上ホテル）

第三章　知られざる和製イージー・ライダーの青春
——グローバリズムの渚における、森巣博の個人的体験

▼不可解な人、森巣博への尋問開始！——イマジンド・コミュニティ（想像の共同体）から、リイマジンド・コミュニティ（再想像の共同体）へ

森巣　花粉症の方には申しわけありませんが、誠にいい陽気ですなぁ。しかし、桜並木がこんなに早く葉桜になっていたのには驚きました。

姜　そうですね。

森巣　このところ、日本は、大変な暖かさだったんでしょう。

姜　ええ。

森巣　……あのぉ、姜先生。いつにもまして、眼光が鋭いように感じられるんですが。

姜　博さん——。

森巣　はい！

姜　あなたは、僕にとって、とても不可解な人です。

森巣　はあ。

姜　四ヶ月ほど前、オーストラリアでの対談が終わってから、何か釈然としないものを感じていたんです。個人的な体験を長々としゃべりすぎてしまったという気恥ずかしさもあったのですが、思い返してみると、僕は、博さんの過去について、何も知らないことに気付いたんです。そもそも、なぜ、日本を離れたのか。とくにわからないのが、一九八一年にオーストラリアに移住する前は、いったい、何をしていたのか。

森巣　前にも申し上げたように、ただ遊びまくってただけですよ。その前は英国に住んでいたのです。

姜　肩書き上、一応、博奕打ちというふうに豪語されていますけど——。

森巣　負けてばっかですが、まあ、日本の正真正銘の中産階級の方々よりは、かなり楽しくラクで、そして豊かな生活ができたと、自分では考えております。

姜　でも、ものすごく文学や思想に関する教養もある。しかも、非国民を自称しながらも、日本の現在を丹念に追いつづけ、なおかつ、日本語で文筆活動をつづけられている。一貫して、数多の日本論・日本人論者を攻撃しながらも、何かこの——。

森巣　愛してるんです、私は日本を、そして、ひいては世界を。

姜　そうでしょう（笑）。
森巣　日本に関する悪口なんてひとことも言ってませんよ。日本をこれ以上悪くしようと企む連中を批判しているだけです。もっとも連中は逃げ回ってばかりいて、手ごたえがちっともなく、そろそろアホ臭くなってきました。
姜　一方の僕は、日本から逃れたくても逃れられないで生きてきました。日本から離れたいという気持ちは常にあるけれど、逆に、ここが自分の住処《すみか》だとも思っている。日本に対する思いは、前回の対談でもお話ししたように、非常にアンビバレントです。しかし、私のような在日でもなく、日本から排除されているわけでもないのに、あえて自分から故郷を捨てた。あるいは、博さんは、戦前だったら大陸浪人にでもなっていたかもしれない。
森巣　さあ、それはどうかな。
姜　大陸浪人的なロマンというよりも、むしろ、確固とした信念のもとにインターナショナルな方向に向かっていったような印象を受けます。そこが、個人的には非常に興味のあるところなんです。
森巣　まず、先ほど、日本を愛しているなんて言いましたが、私は、決して、街頭右翼が言うような愛国者というわけでもないのです。ただ、日本で生まれ育ったわけだし、父母は両方とも亡くなっていますが、知人や友人はまだ日本にいる。そうすると、かかわりの深さというのはあるわけです。

姜　ええ。

森巣　で、こういうことだと思うんですよ。まず、今は、ナショナリストでさえ、国家は想像の産物だっていうのは認めているわけです。坂本多加雄だってそうですよ。西尾幹二も、国家は想像だということを前提にして新しい神話をつくるのだ、という立場でしょう。私に言わせると、国家というものがもしも想像の産物であるなら、例えば、それが、少数者にしろ、中心から排除されたものにしろ、誰もが住みやすい社会を再想像する責任が、みんなにあるんじゃないかと思うわけです。つまり、イマジンド・コミュニティ（想像の共同体）[1]から、リイマジンド・コミュニティ（再想像の共同体）へ、というわけですよ。坂本多加雄にしろ西尾幹二にしろ西部邁にしろ、フィクションとしての国民国家を認める際、その権威なり起源なりを、「存在しなかった古き良き時代」に置くわけです。

　しかし、なぜそうしなければならないのか？　なぜ「伝統」などという閉鎖された砦に籠らなければならないのか？

「伝統」なんてものは、つい最近の捏造であることは、連中も認めているでしょ。

　私は、少数者や「異物」が排除され差別されている社会というのは、多数者にとっても住みづらい社会であると考えるのです。

　ならば、多数者のみならず少数者や「異物」にも住みやすい社会を構築するためのリイマジネーション（再想像）は、「日本国民」の義務ではなかろうか、と、まあ偉そうに言えば、そう考えてきたのです。

姜　博さんが考える、リイマジンド・コミュニティのあり方については、是非ともうかがってみたいですね。

森巣　実は、この対談に備えて、一つのアイデアを用意してきました。

姜　でも、今、この場では、博さんがなぜ、生まれ育った日本を離れたのかを訊くことにいたします。

森巣　やっぱり、逃げるわけにはいかないのか。

▼一九七一年、森巣博、ジェリー・ルービンと『イージー・ライダー』にイカれ、アメリカへ渡る

森巣　日本を離れたのは、まったくの偶然だったのですよ。私はある人に誑《たぶら》かされて、一九歳の時、神田駿河台下にある真面目な出版社の編集部に所属していました。八ヶ月ほど勤めるとそこが倒産し、今度は水道橋にある不真面目な雑誌社で、編集者をやっていたのです。

　眼の前は、後楽園競輪場。まだ美濃部亮吉《りょうきち》都知事が閉鎖する前のことです。すると編集打ち合わせなどは競輪場で済ませてしまう、という、まあ何ともひどい編集者でした。競輪選手の配属地に合わせて旅を重ねる、いわゆる「追っかけ」で競輪無宿をやったのもこのころです。

　一九七一年の九月の前節だったのですが、私は後楽園競輪で三〇〇万円を当てたのです。当時の言葉で言えば、「メルボルン」、あるいは「ダルマ返し」などと呼んでいた人もいましたが、

八レース、九レース、一〇レースと、的中した車券を一点張りで全額次のレースにつっ込む、という何とも乱暴な方式で、三連勝。一万円の原資が三〇〇万円になってしまいました。当時、新卒の月給は、確か三万円前後だったと記憶しています。そこでの三〇〇万円。これは大金です。

勝負師なら、その大金で翌日もまた勝負するのでしょうが、私はそういうアホな真似はしない。しっかり郵便貯金に回します。

それで、この金をどう遣おうか考え、不真面目な雑誌社を辞め、アメリカに渡ったわけです。

姜　僕は、博さんと二つぐらい違うわけだけど、転機が、時代史的に似通ってるんですね。一九七一年は、僕が初めて韓国に行った年です。一九七九年には、僕はドイツに渡り、博さんが生活していたイギリスではサッチャー首相が登場した。そして一九八一年に、博さんはオーストラリアに移住し、僕は日本に帰国した。

森巣　確かに。

姜　ところで、なぜ、行き先をアメリカにしたんですか。

森巣　それはもう、私が一番ショックを受けたのは、何て言っても、映画『イージー・ライダー[2]』だったですから。

姜　ああ、なるほど。

森巣　『イージー・ライダー』を試写会で見て、世界ではとんでもないヘッド・レヴォリューションが起こりつつあるんだ。これはアメリカを見なくちゃいかんぞ、というふうに思い込みました。姜さんが前回の対談のときおっしゃった「価値転換」に通ずるのじゃないんですか。

姜　「ウッドストック[3]」はいつごろですか。

森巣　あれは一九六九年ですね。

姜　『イージー・ライダー』は、六八年世代の後から出てくるヒッピー[4]・ムーブメントに通じる面がありましたね。

森巣　そうですね。ヒッピーと言っても、政治性を持ったムーブメントがあったのです。これを「イッピー」と呼ぶのですが、その中心人物にジェリー・ルービン[5]っていう人がいました。彼の著作を読んで、大変な衝撃を受けたんです。ジェリー・ルービンは、高度資本制社会の中では、遊んでいることが仕事なのか、それとも仕事が遊んでいることなのか、その二つしか正気を保つ道はないと主張しました。その直後に、『イージー・ライダー』を見た。それで、とにかく金はあるんだからと、アメリカへ渡りました。で、アメリカ国内をバークレーで知り合った一七歳の少女と二人でぐるぐる回っているうちに半年が過ぎ、ニューヨークでヴィザが切れ、今度は、ヨーロッパに渡って一年間ばかりフラフラして。その後、東南アジアをぶらぶらして、金が切れたので日本に戻ってきました。これが七三年の後半かな。また、雑誌編集の仕事にかかわっているうちに、現在の妻と知り合ったという感じです。あれは、帝国ホテルだった。

姜　帝国ホテル。

森巣　そう。あのころは、本当に冗談みたいな生活をしてたからなあ（笑）。そのうち、彼女が妊娠し、日本で子供育てるのは大変だろうと思い、彼女はイギリスに戻りました。私も仕事を片付けてからイギリスに行って、それで結婚しました。それが、一九七五年か。

姜　今、お話を聞いてて、博さんは三〇年くらい時代を先取りしてたような気がするんです。アメリカの社会学者のダニエル・ベル(6)が、ポスト工業化社会ってことを言い出したのは一九七〇年くらいですから。

森巣　ええ。確かそれぐらいでしたね。

姜　その実感的な雰囲気が『イージー・ライダー』には、違う形で現れていましたね。

森巣　まったくおっしゃるとおりです。

姜　遊びと労働という問題が、在日である僕たちには、よくわからなかった。そこに、僕と博さんの決定的な違いがあるのかもしれません。日本の社会で生きていると、在日よりも日本人のほうが、ある意味では進んでるわけです。進んでいて、成熟している部分があるから、矛盾もはっきりとわかる。ところが、在日の人間にとって、あの時代は、すべてが政治一色だった。前回にお話ししましたけど、僕たちにはアイデンティティの基盤そのものが欠如していた。だから、政治をひっくり返すことでしか、アイデンティティをめぐる隘路を一八〇度転換できないという、すごく頭でっかちな考え方をしていました。ところが、その限界をいち早く提示したのが、ベトナム戦争体験を経由した『イージー・ライダー』の世界でした。

森巣　確かに、われわれ団塊の世代は政治の世代でもあるし、時代もそうであったとは思うんですけど、私に言わせると、みんな何か、負けることを前提とした運動をやってませんでした？　当時、東大一〇〇人早稲田一〇〇〇人日大一万人、と言われた。つまり、政治の季節が終わっても大学に戻らなかった人たちの人数です。さすが東大生はちゃんと見抜いていて、ほとんどが大学に戻るわけですな。私の周囲を見回すと、大学をちゃんと卒業したのは三人しかいません。もっとも、その三人は、みんな偉くなっちゃったのだけれど。

姜　そうですね。

森巣　でも、運動っていうのは、本来、何か未来のビジョンをつくるつもりでやるはずのものでしょう。

姜　あの時代には、未来学というのがありました。

森巣　ああ、フューチャロジーか。

姜　未来学的な学問の先駆者では、坂本某という学者がいたんですが、当時は、ほら吹きとか言われていましたね。彼は、早くに亡くなってしまうんですけど、一九七〇年の大阪万博の前後から、日本の社会でも未来学というのが出てきたんですよ。あれは、明確に、未来のビジョンを打ち出したわけです。このテクノロジーの延長上に、こういうバラ色の社会が待ち受けている。そして、日本は、その先端に立ち得るんだということですね。

森巣　そんなもんがあったなあ。

姜　その一方で、イデオロギッシュな議論もありました。われわれは3Mとか言っていたんだけど、マルクス、マルクーゼ、(7)それから、毛沢東。僕は、その中でもとくに、マルクーゼを読んでいました。その、高度消費社会批判みたいなところは、『イージー・ライダー』とどこかでつながっていたかもしれない。ところが、未来学はそういう批判的なビジョンよりも、むしろ、ポジティブなビジョンを次々に出してくるんです。

森巣　全部、間違ってましたね。

姜　ところが、僕の場合には、未来のビジョンどころか、まずは何よりも、そこから逃れなければならなかった。前回の対談の際にもお話ししましたけど、未来学はおろか、日本の左翼思想も含めて、一九七〇年前後のあらゆる思考は、かなりの程度、ナショナリズムと癒着していたように思うんです。

森巣　太田昌国さんが『日本ナショナリズム解体新書』で描いたとおりです。日本のサヨクの中には、どうしようもない種類のナショナリズムが温存されていました。これが結局、のちに加藤典洋の『敗戦後論』を受け入れる基盤となったのでしょうね。

姜　三島由紀夫を読んでたのは、結構、全共闘世代だったりするわけです。そう言えば、当時の新左翼の学生たちは、任侠道的なキャッチフレーズをさかんに使っていましたね。

森巣　「止めてくれるなおっかさん。背中の銀杏が泣いている。男東大どこへ行く」か。ちなみに、この東大五月祭用のイラストとコピーを書いた橋本治は高校時代の私の隣のクラスにいたそうです。もっとも私は高校に半分も行かなかった人間なので、まったく知らないのですが。

姜　博さんは、一九四八年生まれですよね。

森巣　ええ。もろに団塊の世代。私たちの小学生時代の東京では、二部授業があったんです。午前の部と午後の部の学校がありました。

姜　僕は、一九五〇年生まれだけど、二年違うとだいぶ様子が違うんですよ。ちょうど大学がレジャーランド化される前夜くらいです。

▼一九七三年、第一次オイルショック――森巣博が、ヨーロッパ放浪時に体感した真理、「人間っていうのは同じなんだな」

姜　というのも、一九七三年に、第一次オイルショックが訪れ、そこで、日本は、いわゆるミーイズム（自己中心主義）の時代に入るわけです。七二年の浅間山荘事件等を経て、「疾風《しっぷう》怒《ど》濤《とう》の時代」が終わりを告げ、アングラ演劇をやっていた友人も、卒業のころにはサラリーマン風に髪を七・三に分けていました。個人的には、権益擁護運動等の学生運動からもそろそろ距離をとりはじめ、大学は出たけれど就職もなくてどうしようかな、というときでした。

森巣　一九七三年は、ちょうど妻と知り合ったころですね。トイレット・ペーパーとか灯油がなくて、下北沢のアパートで二人で震えていたんですよ。

姜　灯油も高かったですよね。

森巣　それどころか、近所に行っても、灯油を売ってくれないんですよ。いわゆる普通の日本人だったら譲ってくれたんだろうけど、私なんかは、いかにもヒッピー然としていたし、何よりも、妻がガイジンだったのが大きかったんでしょうね。

姜　あの前後ですよ。ローマクラブが、成長の限界なんてことを言いだしたのは。それで、一九七三年の第一次オイルショックを目の前にして、この社会は先が見えたんじゃないかっていう気持ちが湧いてきたんです。でも、日本だけは別だった。その石油の高騰をテコにして、日本が逆に経済的に浮上していく。博さんに訊きたかったのは、七〇年代のヨーロッパっていうと、例えば、赤い旅団[8]とか西独赤軍とかの事件が起きたときですよね。

森巣　はい、バーダー・マインホフ[9]ですね。

姜　映画では『イヤー・オブ・ザ・ガン[10]』だったっけな。

森巣　それは知らない。

姜　イタリアにおける、ジャーナリストとテロリストのいろんなやり合いを扱った映画なんです。とにかく、七〇年代には、八〇年代のバブルに向かって日本がものすごくアロガント（尊大）になる下地ができつつあったと思うんですね。経済的パフォーマンスがよかった分、内側にいたマイノリティには辛い時代でしたけど。でも、七〇年代のヨーロッパ、とくに、イタリアなんかは、本当にひどかったんじゃないですか。まさに、テロと経済危機の時代ですよ。

森巣　いや、これは妻と知り合う以前のヨーロッパなのですが、イギリスにもイタリアにも行きましたけど、新聞は全然読みませんでした。電車が停まるとかそういう身の回りのことは、さすがに気が付きましたが、政治的には、まったくもう、ノー・コミットメント。

姜　そのときはどういうふうな生活をしてたんですか。

森巣　セックス、ドラッグス、ロックンロール。

姜　なるほど（笑）。

森巣　あんな楽しいことはないですから（笑）。楽しいことさえしていれば、人間は間違わない、という確乎たる哲学を築き上げたのが、このころです。

姜　西ヨーロッパは、大体、回られたわけですか。

森巣　大体、回りました。今でも覚えてるのは、オランダに着いたときのこと。一九七二年当時のアムステルダム全体が、ヒッピーのたまり場みたいになっていたんです。で、旅行案内所に行って、とにかく安い宿を探してもらったんだけど、そこの女の子がかわいくて。しかも、どこかいいマーケットがないかって訊いたら地図書いてくれて、ついでに、私の自転車があるから使いなさいって。そして彼女のフラットに二週間ほど泊めてもらい……、安宿の必要がなくなった。もうオランダはいい国と決めちゃったわけ（爆笑）。結局、一ヶ月間いましたか。

姜　そのときは、ヨーロッパやアメリカに、全然、違和感はなかったですか。

森巣　ウォーターゲートでコケる寸前のニクソン[11]がアメリカ合州国大統領をやっていたのですが、ニクソンは、いみじくも言いました。「あいつらはbumである」と。bumとは「尻」を意味する汚い言葉です。そうです、われわれはbumでした。そしてbumに国境はないんだ、と（笑）。みんな、ほとんど無銭旅行みたいなものです。そういうやつらが集まるでしょ。そうすると、違和感というか、まあ、言語的な問題はあったけど、それぐらいですね。だって同じなんですよ、やってることは。bumは同じ。そこでわかったのは、人間は同じなんだということです。とにかく、楽しいことだけやってりゃ同じなんだと、難しいことやり出すと差異が出てくる。当時は、差異っていう言葉なんかなかったですけどね。

姜　確かに。

森巣　ほとんど、身体的な理解の仕方をしていました。当然、小さな習俗の違いはありますよ。でも、人間は同じなんですよ。

姜　そのころに、日本の人と会ったりしましたか。

森巣　いいかげんな連中といっしょにいると、日本からの人と会わないんですよ。

姜　楽しいことをしていると、日本人に会わない。

森巣　まったくいなかったとは思わないけど、私は、会ったことないんです。本当、あのころは、セックス、ドラッグス、ロックンロール。これは、嘘でも何でもなくて。すると日本からの人たちに会わない。

姜　博さんは、やっぱり、どこか突き抜けていたんでしょうね。だって、われわれのころは、主流は労働禁欲説だったでしょう。

森巣　それは、姜さんの専門がマックス・ウェーバーだから。

姜　ウェーバーだけじゃなくても、マルクス主義もそうだった。あのころは、マルクスの『経済学・哲学草稿』をみんなで読んで、労働というのはいかに美しいかと、こういう議論だったわけ。大体、遊びなんていうのはブルジョワのやることだと言って、まるっきり相手にされなかった。で、僕が覚えてるのは、ホイジンガですね。

森巣　ホイジンガ。人間存在を、「遊びをする人（ホモ・ルーデンス）」と規定した、オランダの歴史学者です。

姜　『ホモ・ルーデンス』の邦訳が刊行されたのは、そのころではないでしょうか。やっぱり、博さんは、時代の最前線にいたわけですよ。

森巣　ともあれ、ウェーバーにしろマルクスにしろ、今から見ると、進歩概念じゃないですか。発展段階論。六〇年代の構造主義では、すでにその解体作業が進行していました。bum たちは、その進歩概念を否定したところで成立していたわけでしょ。

姜　そうですね、俗流化されたマルクス主義や近代主義的なウェーバー解釈には、そうした進歩概念がつきまとっていましたね。

森巣　それを批判的に理論化したものが、ジェリー・ルービンだったり、アビー・ホフマン[12]だったりしたわけです。

姜　なにか、啓蒙的なものが、どっと崩れ出してたんでしょうね。でも、日本は七〇年代に、そういう状況をあいまいなまま何となく乗り切ってしまい、きちんと対面しなかったような気がする。

森巣　そうですね。

姜　だから、もし大学人として、いわゆる通常のコースで海外に行ってたら、今の博さんはなかったかもしれない。

森巣　とにかく、楽しいことしかやってなかったですからね。発音なんか直されたこともないし、指摘されたら、「コノヤロー、それでどうした、文句あるのか」って言ってりゃいいんだから。それに、東洋人として差別される以前に、ゴミとして、社会から差別されてました。そういう意味でナショナリズムとは結びつきようがなかったのかもしれない。

姜　あの時代には、そういう人たちの世界的なコロニーとネットワークがあったと思うんですよ。

森巣　日本に一時戻っていた時、どこかで「草の葉民主主義論（序説）」っていうのを書いた覚えがあります。七四年だったかな。

姜　草の根民主主義じゃなくて（笑）。でも、オランダでは今でもマリファナは合法ですよね。

森巣　合法ですよ。ヘロインだって、登録すりゃただでくれます。スイスもそう、イギリスもそう、オーストラリアも今度そうするって言ってるし。

姜　草の葉民主主義は広がってるわけですね。

森巣　確実に広がってます。これも時代を先取りしてました。その後に、『地球の歩き方』とかあの連中が出てくる。そして、さらに二、三〇年後に、ヒッピー・ムーブメント的な流れが日本にふたたび訪れると、小林紀晴《きせい》[13]のエスノセントリズム（自民族中心主義）になっちゃうんだ。あれ、どうしてなんですかね。

姜　ある種の回帰現象でしょうか。

森巣　何でああやって国境を持って外に出るのかと。せっかく旅してんだから、日本人探しなんてやめりゃあいいのに。

姜　本当に。

森巣　もっとも、姜さんには、持たざるをえない国境というのがあるわけですから。

姜　そうですね。だから、七〇年代は、森巣さんとは何かずれながらも、どこかでつながってるような感じがするんですね。そして、転回点は一九八一年に訪れます。その年、博さん一家は、イギリスからオーストラリアに移住して、僕がドイツから日本に帰国した。

森巣　ああ、そうか。

姜　博さんは、オーストラリアに渡って、そのまま、日本でもヨーロッパでもない大英帝国の旧植民地を故郷にした。僕は、日本に帰ってきて、そこを故郷とせざるをえなかった。

▼一九八一年、二人の転回点——森巣博のオーストラリア移住と、姜尚中の日本への帰国

姜　今は、博さんが一番住みやすいところは、やっぱりオーストラリアでしょ。

森巣　だと思います。お金がいっぱいできりゃ、また、話は違うかもしれないけど。

姜　最初、オーストラリアに、どういうイメージを抱いていたんですか。

森巣　宗主国から辺境の国に行くわけです。私は宗主国の人間じゃなかったけれど。でも、イギリスのメディアで報道されるオーストラリアは、まさに、旧植民地のイメージに合うようなレポートばかりなんです。私たちがイギリスから持っていったものは、二週間分の着がえと、妻の本と、それとなぜか中古のピアノ。ああいうところでは、新品は別にしても、中古のピアノは買えないだろうと。新しいピアノなんて買う金ないから、中古のピアノをイギリスからわざわざ持っていったのです。

姜　そんな報道がされていたんですね。

森巣　ここ一五年ほどは、在ロンドンのオーストラリア大使館に、ものすごく長い、移民希望者たちの行列ができているそうですけど。

姜　あの時代のオーストラリアは、ヒツジと白豪主義（白人以外の人種の入国、定住を拒否した政策）っていうイメージがあった。

森巣　白豪主義が終わったのは、一九七二年です。ゴフ・ホイットラムという労働党の革命的な首相が現れて。ＣＩＡの陰謀だと言われているけど、彼は一九七五年に失脚するんです。それで出てきたのが、保守系のマルコム・フレーザー。ところが、フレーザーは、獄中のネルソン・マンデラ[14]を熱烈に支持したんですね。

姜　そうですか。それはすごい。

森巣　保守系の人がです。これからはいわゆる「近隣諸国」のアジア系の移民を受け入れて、多文化主義の方向に進んでいくんだと主張していました。当時、ネルソン・マンデラを支持していた政府は、北欧のものを除くとほとんどありませんでしたよ。日本にしろアメリカにしろイギリスにしろ、消極的に、南アフリカ白人少数政権を支持してたわけですから。

姜　サッチャーもそうですね。

森巣　今でも覚えてるけど、一九八〇年に、マーガレット・サッチャーが、南アフリカの白人少数政権を熱烈に支持しました。それに対して、「こういう人種差別をどうして認めるのか」と批判されると、彼女は、「あなたがそんなこと言えるのか。私たちの中にも、アジアやアフリカから来た人たちへの差別があるじゃないか」と言ったわけ。それで、じゃいっしょにその差別をなくしましょう、とは決して言わないんです。だから、南アフリカの人種差別制度を支持していいんだというロジックなんです。あれはすごい。

姜　問題は、そういう開き直りが出てきた八〇年代です。

森巣　一九七九年にサッチャーが勝ったときの選挙スローガンの一つは、“Britain is being swamped by Asians” ですよ。「アジア人によって、イギリスの日常生活が壊されてる」ですから。それで、キャラハン[15]の労働党政権が大差で負けちゃうわけ。わたしにどうしても理解できないのは、たとえば中曽根康弘とか石原慎太郎といった「極右」政治家たちが、サッチャーを称賛していることなんです。自分たちは「アジア人」だと思っていないのかな。自分たちがそうは思っていなくても、サッチャーの眼から見れば、紛う方なき「アジア人」なのに。

姜　あのときは、アジア系の人に対しては、ものすごく冷たかったんですか。

森巣　ナショナル・フロントは、一九七一年から一九七三年にかけてもあったんですけど、大衆的な支持を得て、地方議会や何かに出てくるのはあのころですね。

姜　僕も、一九八〇年に初めてイギリスに行ったんだけど、ものすごく印象は悪かったんです。デパートに行くと、冷たくて差別的な視線を感じた。世界的に見ても、あの時代、ナショナリズムではないけど、人種や民族にかかわるようなものが、キーワードとして出てきつつあったんでしょうね。一九七九年で一番印象深かったのは、やっぱりイラン革命[16]ですよ。

森巣　そうですね。あのときのことはよく覚えてます。

姜　あのとき原理主義っていう言葉が少し出てくるようになった。原理主義も、民族と同じように、何か内と外を厳格に分けて、内側に向かって極端に同質化していく作用はあると思うんです。当時、ドイツ留学中に、僕の周りにいたイランの留学生と話していたら、秘密情報機関によって親戚が殺されたとか、目の前でお母さんが殺されたとか、そういう話をしてくれるわけです。だから、あの時代、ちょっと難しく言うと文化本質主義的なものの萌芽があった。

森巣　固有不変な価値を高らかに謳い上げる主義。

姜　その共同体にとって、ある属性をアプリオリ（先天的）に持った人たちにだけ特権が与えられたり、彼ら彼女らにしかわからないことが生まれる。

森巣　それはまるで、西尾幹二先生がおっしゃってること（笑）。

姜　まあ、言ってしまえば。

森巣　「新しい歴史教科書をつくる会」なんていうのは、まるでそうでしょ。だって、日本の文化というのは日本人にしかわからないって主張しているんだから。しかし、ちょっと考えてみればすぐにわかるのだけれど、日本人にしかわからないものとは、じつは日本人にもわからないはずなのです。

姜　内側の人間にしか文化の秘密はわからないっていうか、何かそういう雰囲気は、七〇年代末ぐらいから少しずつ出てきた感じがしましたね。

▼故郷とは何か——二つの立場から

姜　ここで、訊いてみたいことがあるんです。

森巣　はい。何でしょう。

姜　故郷って、あるんでしょうか。

森巣　故郷ですか。私個人には、なかったんじゃなかろうかと思っているのです。でも、そういうのは体験や記憶によって違うものでしょう。第一、私にとっての故郷と姜さんにとってのる気がするんですよ。

故郷への思いとが、同じはずがないですよね。でも、もしも自分に故郷があるとすれば、室生《むろう》犀星《さいせい》(17)の「故郷は遠くにありて思うもの」のようなものではなかろうか。あの感覚は、よくわか

姜　生まれは東京なんですか。

森巣　いや、金沢で生まれています。生後すぐに東京に移った。私の父親は大変なエリートサラリーマンだったようで、一、二年の間隔を空けて、どこかに出ると、また東京に戻るというような生活をつづけました。だから私は、小学校を三つ、中学校を四つ替わっています。もっとも中学校の部分は、私が悪ガキだったことも関係するのですが（笑）。当時は学校では教師による体罰は当然のこととされていました。しかし私は、教師が殴ると、確実に殴り返す、といった天晴《あっぱ》れな少年でした。それで一四歳のときから、一人で住みはじめたのです。

姜　いろいろな不都合が生じたわけだ（笑）。

森巣　まあ、いろいろと。一人暮らしをしていて、金はあるし、それで、どんどん悪くなったって部分はあると思います。しかしそれは言いわけにはならないでしょう。なぜなら、同じような生活をしていた兄たちは、ずっと優等生をやっていて、あまり苦労もせずに東大に入っちゃうのですから。

姜　僕の場合、日本の熊本が故郷になるかっていうと、やっぱり、よくわからない部分がありますね。

森巣　聖書に、生まれた土地に行ったキリストが、いじめられる話があるじゃないですか。

姜　吉本隆明が、『マチウ書試論』で書いてましたね。「人はたれでも、故郷とか家とかでは、ひとつの生理的、心理的な単位にすぎない。そこでは、いつも已れを、血のつながる生物のひとりとしてしか視ることのできない肉親や血族がいる」

森巣　姜さんには、故郷から排除されたような思い出はあるんですか。

姜　去年、熊本で、日本名じゃなくて、姜尚中の名前で講演をしました。そうしたら、僕と同じ世代の人が何人か来てくれて、「ああ、あのときのテッちゃんね」って言うのです。でも、僕としてはバツが悪いわけです。だって、仮面をかぶって生きてきたみたいなもんでしょう。なにか、正体見たり、という感じで見られているんじゃないかなあという気持ちもあった。でも、そう言ってくれる人が懐かしくもあり――。

森巣　今、すごいフレーズを思いつきました。「黄色い皮膚・黄色い仮面」っていうのはどうですか（笑）。

姜　フランツ・ファノン(18)（笑）。『黒い皮膚・白い仮面』じゃないけど。でも、逆に、外見上あんまり違いがわからない分、かえって差異っていうのはものすごく大きいわけですよね。確かに、僕の七〇年代は、黄色い仮面を脱いで、もう一つの仮面が出てきた時代と言えますね。

森巣　新しい黄色い仮面が出てきた。金太郎飴ならぬ、金太郎仮面（笑）。

姜　それで、やっとこれが本来の自分だなって思うわけね（笑）。頭の中ではしっかりナショナリストになってるわけだけど。でも、先ほども話したように、僕は、七〇年代にイニシエーションを受けたわけですよ。そうすると、今までの自分は全部ペケ。よく考えてみたら、故郷の共同体から、結構、排除されてたな、という思いもある。

森巣　やはりそうですか。

姜　故郷は、どうしても人にかかわるでしょ。どんなに美しい場所に生まれても、そこに生きてる人と何か美しい関係がないと、心の底から故郷だと納得できない部分もできてしまう。確か、坂口安吾[19]だったと思うんだけど、自分は好きな女性が住んでいた故郷のことをどこかいとおしく感じるって言うんです。それと同じようなものですね。熊本は自然は美しいし、食べ物はおいしいし、いいとこなんですよ。ところが、人との関係の中で、時々ひどく言われたこともあった。

僕にとって、たぶん、熊本が故郷なんだろうけど、行くたびに懐かしいと同時に違和感もある。だから、ある意味では、僕の一番の理想は博さんだったかもしれない。要するに、博さんは、僕の理想も先取りしてた。自分の好きなように生きて、故郷や、日本人であるということにこだわらない。

森巣　私は、さっき言ったように、生まれたのは金沢だけど、いろんなとこグルグル回って、一四歳から一人で住んでて、というようなことをやってました。すると、故郷っていう感覚は、そもそもないんですよ。強いて言えば、あそこにいい思い出がある、あそこにはいい女がいた、ぐらいなものです。で、突きつめて言えば、結局、どこでも住みやすいとこがいいんだと。

姜　なるほど。

森巣　例えば、その住みやすいという条件に、言語であるとか、価値の共同体であるとか、そういうのを含める人もいるでしょう。言語がうまくないと、なかなか心地好い生活はできないんですものね。で、これは岩波書店のある偉い編集者に言われたんですけれど、森巣さんがしゃべってるのはまるで日本語じゃねえか、でもよく通じるねって（笑）。

姜　そのとおり。すごい英語。すごい英語（笑）。

森巣　すごい英語だけど、全部通じる。そういうものなんですよ。身体化さえしていれば、言語もそれくらい気楽な感じで済んじゃうわけです。そうすると、やはり、一番住みやすいところに住んでりゃいいと。だから、帰るべき場所、つまり、回帰するところっていうのは、あんまり意識したことなんてない。もちろん、老いぼれ九〇歳になって、ああ、日本日本って言いながら、日本に行くかもしれないけれど、それは私の「想像」の日本であって、おそらく現実と合致しないでしょう。クロポトキン[20]の言葉に「行き倒れて、独りで死ぬのだ」というのがあります。人間、やっぱり、独りで死ぬのですよ。

▼アイデンティティへの自由——二つの立場から

姜　では、やはり、故郷は必要ない。故郷はもともとないと。

森巣　必要ないというのとも違うと思うし、もともとないというのとも違うと思う。あったらあったでいいと思うし。それに安住してる人たちはそれに安住してる人たちでよろしい。ただ、その故郷をより良いものにすべく、「再想像」の努力は必要ではなかろうか、と考えるのですよ。私みたいに集団的アイデンティティからの自由を目指す人間がいたら、それはそれでまた一局。それがまさに、文化的多様性ということじゃないですか。

姜　そして、アイデンティティへの自由。

森巣　アイデンティティへの自由、つまり、在日や被差別部落の出身であることを誇りを持って公表する自由。私は求める必要がなかった人間ですが。

姜　セックス、ドラッグス、ロックンロールだったたし。

森巣　一九六〇年代にアフリカ系アメリカ人たちがものすごいパワーを持ったときに "Yes, we are niggers. What's wrong with that?" ってすごいフレーズが出てきましたね。あれで「公式的」レイシズムは表社会で完全に殺されたわけです。それ以降、レイシズムは、バアのカウンターとか、スポーツクラブの更衣室に潜る。

姜　ブラック・イズ・ビューティフル。

森巣　あれも一種のナショナリズムになっちゃってまずい側面もあるのですが、ただ、ニガーっていうのは大変な差別用語でしょ。それを彼ら彼女らが「そう、私たちはニガーだ。何か文句あるの」って言ったときにすごいパワーを持った。それで、諸権利を有する合州国国民の一部になっていくわけですよね。そうした運動の形態は、積極的に認めたいと私は思うのです。

姜 博さんの場合、かなり特殊なケースですよね。たぶん、アイデンティティからの自由を夢見ることはあっても、それを過激に実践しながら生きてきた人は、あまりいないんじゃないでしょうか。

森巣 私の人生なんて二〇行。おや、これは前回から一〇行増えたかな（笑）。姜さんのほうは、もっと重層的ですよ。

姜 いじけてた気持ちはある。

森巣 いや、やっぱり考えざるをえないじゃないですか。

姜 考えざるをえないっていうこともあったけど、まあ、いじけてる面があって。でも、博さんは、アイデンティティからの自由を獲得しようと、努力しているわけでもないでしょう。

森巣 遊んでいれば、済むのです。これはラクチン。

姜 だから、マイナスから出発するか、ゼロもしくはプラスから出発するかっていうところで、同じ結論に達してても、どうしてもニュアンスは違うわけです。僕の印象では、博さんは、いろんなものにコミットしながらも、適度な距離を保てるような軌跡を歩んできたような気がするのね。その上で、アイデンティティへの自由を認めるという結論を下す。でも、こちらは、何か具体的、個別的なものにコミットせざるをえない。そして、さっきの「ニガーで何が悪いんだ」というニュアンスでもって、アイデンティティへの自由を認めるわけです。

森巣　でも、そう言われちゃったら、答えようがないじゃないですか。ちっとも悪くないのだから。

姜　答えようがないね。そうでしょう。それは、博さんのように、アイデンティティ一般のほうに比重を置いて考えてきた人と、僕のように、「在日」という個別性だけにかかわって生きてきた人間の違いということだと思うんです。でも、僕のような人間でも、例えば、ドイツ留学中のトルコ人やギリシャ人との出会いのように、何か自分と同じような問題に直面している人たちとのかかわりや共感の中から、アイデンティティ一般にアプローチしていったような気がするんです。

森巣　なるほど。

姜　確かに、彼ら彼女らとの交流は、排除されたもの同士の連帯という側面もあったかもしれません。だからといって、ドイツ留学中に、何かドイツ人を排除しようとか反感を持つとか、そういうことはなかった。

森巣　西尾幹二はそこを失敗したんだ。だって、ドイツ文学者がドイツで日本語で講演やったのだもの。やはり、国境は閉ざされていないと西尾は困るのですよ。

姜　何回出てきたかなあ（笑）。彼が、ドイツにおける少数者の文学みたいなものをやってれば、また違ったと思うけど、そうはならなかったね。

森巣　結局、ユダヤ系のカフカ[21]に突きあたらずに、ニーチェ[22]に行ったんだ。

姜　そうですね。あの人たちは、いつまでたっても、オーソドクシー（権威のある正統）が必要なんじゃないかと。つまり、メインであることが何よりも重要なんです。そして、彼らにとっては、メインというのは、多数者であることなんですね。日本でもメインストリームに乗りたいし、外国に行って文学を勉強しても、メインストリームのそれしか見えない。ところが、博さんの場合、メインになろうなんて、これっぽっちも考えていないところが貴重です。

森巣　社会的上昇志向さえ自分の内部で殺してしまえば、実は世の中というのは簡単なんだ。楽しい生活ができるんだ。そのメッセージだけは伝えたい。

姜　でも、森巣さんのような生き方は、ある意味、マジョリティになりようがないにしても、ひところと比べると、何かものすごく広がっている印象はあります。これは、とても大切なことだと思います。

森巣　これは、某編集者が言った言葉。「世の中にバカは多い。でも、森巣さんがすごいのは、三〇年間バカをつづけたことだ」、と。余計なお世話だい。

第四章　民族概念をいかに克服するか

▼森巣博、姜尚中にレクチャーを強要される

姜　そう言えば、博さんは、「ＳＰＡ！」で連載している「打たれ越し」で、なぜか四回にわたって、長々と民族論を展開されていましたね（二〇〇二年三月二六日号〜四月一八日号。「打たれ越し」は『越境者たち』と改題され、九月一二日に発売）。

森巣　一応、あれは小説のつもりなんだけど（笑）。それはともかく、お読みいただいてありがとうございました。これまでに、「民族」という幻想についてつらつらと考えてきたことを、あの四回で、ざっと語ってみました。

姜　先ほどの、故郷をめぐる会話の中で、僕たち二人の、決定的な違いが明らかになったと思うんです。博さんは、アイデンティティへの自由を求める必要のなかった人間で、僕は、アイデンティティへの自由を求めるほかなかった人間。

森巣　そうですね。

姜　前回の対談でお話ししたように、僕は、高校二年生くらいから、在日という民族アイデンティティを明確に意識しながら生きてきました。結局、博さんと僕のアイデンティティに対するスタンスの違いは、この「民族」をめぐるものだと思います。そこで、これから、博さんが二回目の対談のために用意されているという、リイマジンド・コミュニティ（再想像の共同体）のアイデアをうかがう前に、今度は、博さんのほうで、簡単に、民族論のレクチャーをお願いしたいのです。

森巣　ええっ、それは、姜さんのほうでやってくださいよ！　博奕打ちの蘊蓄《うんちく》なんて、誰も読みゃあしませんよう!!

姜　「打たれ越し」で展開された民族論の、ほんのダイジェストで構いません。果たして、「民族」とは何か、博さんがここで提示される定義を叩き台に、議論を進めていきましょう。

森巣　ああ、すごいことになってきた……。

▼民族①——森巣博の、プチ特別課外授業スタート！（すぐ終わるけど）

森巣　えー、不肖、浅薄な知識の博奕打ちが、東京大学社会情報研究所の姜尚中教授の前で、不遜にも、私が考えてきた「民族」という名の病《やまい》にかかわる報告を発表させていただきます。タイトルは、「民族幻想の正体」。

姜　よろしくお願いします。

森巣　はあ……。では、「民族」とはいったい何なのか。このことから考えていきたいと思います。まず、『広辞苑』で「民族」の項を引いてみると、次のように記載されています。

みん‐ぞく【民族】（nation）文化の伝統を共有することによって歴史的に形成され、同属意識をもつ人々の集団。文化の中でも特に言語を共有することが重要視され、また宗教や生業形態が民族的な伝統となることも多い。社会生活の基本的な構成単位であるが、一定の地域内に住むとは限らず、複数の民族が共存する社会も多い。また、人種・国民の範囲とも必ずしも一致しない。

ちなみに、小学館の『日本大百科全書』では、次のとおり。

民族　みんぞく　ethnic group ethnic unit　あえて定義すれば、他から区別されるなんらかの文化的共通項を指標として、互いに伝統的に結ばれていると自ら認める人々、もしくは他の人々によってそのように認められる人々、といえる。この場合、文化とは言語、宗教、世界観、社会組織、経済生活、その他の生活様式すべてを包括する広義の文化とする。民族は、人間による人間自身の分類行為の一つであり、その意味では人種の観念と通ずるものがあるが、少なくとも今日では学術上、人種は人間の身体的特徴を基準にした人間範疇《はんちゅう》設定の試みであるのに対し、民族は基本的に、文化的特徴を指標にした人間範疇であるとして区別される。同時に、民族観念自体が文化の所産にほかならないということを忘れてはならない。（以下略）

おそらく、日本でもっとも引用されることの多い辞書、百科事典での民族定義が右のようなものです。しかし、過去三十数年間、博奕を打つことにより糊口を凌いできた私には、何度読んでもよくわかりません。

姜　確かに、わかりにくい。

森巣　でも、例えば、姜さんがおっしゃっていたように、同じ在日でも、一世と四世ではまったく違いますよね。この場合、四世のほとんどが日本国家語を母語として育ち、「日本文化」の中で生きてきたわけです。彼ら彼女らの中で、韓国・朝鮮語を流暢に話せる人たちのほうが、きわめて少数派でしょう。すると、岩波書店『広辞苑』の定義でも、小学館『日本大百科全書』の定義でも、明らかに彼ら彼女らは、「日本民族」の範疇に含まれてしかるべきなんです。だけど、彼ら彼女らは、あくまでも「韓国・朝鮮民族」の範疇に属する。

姜　そうですすね。

森巣　彼ら彼女らが、日本国民として晴れて「帰化」しても、その置かれた位置に変化はないんです。それは、自死した新井《あらい》将敬《しょうけい》[1]代議士の選挙ポスターに「四一年北朝鮮から帰化」と書かれたシールが、石原慎太郎代議士（当時）の公設秘書によって、夜毎、数千枚もベタベタと貼られた事件からも容易に推察できます。

姜　あれもひどかった。

森巣　このように錯綜した民族概念には、その根っこの部分に、嘘があるのではないかと、私は考えます。民族概念とは、「西欧近代」の発明物です。「民族」は、文明、文化、国民、国家、人種などと同様に、早くても一八世紀の後半に、社会分析の道具として立ち上げられたものなんですね。

姜　いずれも、フランス革命やナポレオン以降の、国民国家創出に、深く関与した言葉ですね。

森巣　前回の対談で話題になった、一九六〇年代の構造主義者、ポスト構造主義者たち、すなわち、レヴィ＝ストロース[2]、ルイ・アルチュセール、ジャック・ラカン[3]、ミシェル・フーコーや、ロラン・バルト[4]、ジル・ドゥルーズ[5]、ジャック・デリダ、そして以上の人たちを批判しながら発展的に継承した構築主義者と呼ばれる人たちの研究によって、民族を始めとして、「西欧近代」に立ち上げられた、文明、文化、国民、国家、人種などの言葉群の持つ犯罪性が、次々に暴かれていきました。

姜　いずれも、「われわれ　us」と「かれら　them」を差異化する言葉ですね。そして、それらの言葉を使用するうちに、いつの間にか、「われわれ　us」＝「西欧人」が、「かれら　them」

＝「西欧以外の野蛮人」を、抑圧・収奪するのに都合のいい理屈が、無意識的、自動的に、つくりあげられていくんです。

森巣　実は、「民族」という概念は、六〇年代の構造主義以降、すでに徹底的に解体され、また徹底的に批判され尽くした過去の残滓《ざんし》なんですが、それがどういうわけか、日本の人文社会の領域には、なかなか伝わってこなかった。いまだに、これに固執している学者たちが、日本には多いんですね。ちなみに、川勝平太は、『文明の海へ』（ダイヤモンド社）の中で、民族のことをこんなふうに定義しています。

——民族とは文化を共有する集団である。文化とは暮らしのたて方、別のことばでいえば、生活様式のことである。

このほかにも、川勝は、『日本文明と近代西洋』（ＮＨＫブックス）で民族を「文化を同じくする」者と定義しています。しかし、もしも私の隣家に、街金《まちきん》の「極悪追い込み屋」が住んでいたとする。果たして、私とその「極悪追い込み屋」一家とは、「文化を同じくする」者なのか。川勝一家はどうか知りませんが、私の一家は彼ら彼女らと「文化を同じく」していないと信じるし、また、していてほしくありません。それよりも、もし自分がぱっとしない野球選手だったら、アメリカの２Ａあたりでブルペン捕手をしている人間のほうが、よっぽど「文化を同じくする」者でしょう。

姜　博さんの場合、「文化を同じくする」者を見つけること自体、困難でしょうけど（笑）。

森巣　では、言語を同じくする者が同じ民族なのかというと、先ほどの在日四世の話で、そうでないことは明らかです。私は、佐渡が好きでよく遊びに行くんですけど、そこのじいさまたちの話す言葉が、まったく理解できない。では、佐渡島民は、「日本民族＝日本人」に含まれないのか。そして、同じ島民でも、標準語のできる若い人は、晴れて「日本民族＝日本人」と言えるのか。

姜　無理がある。

森巣　つまり、民族などという概念は、構造主義以後の学者たちが鮮やかに解体したように、成立しようがない。要は、抑圧と収奪の理念によって立ち上げられた、差異の政治学なのですね。「われわれ　us」と「かれら　them」の間に境界線を引き、「民族的」抑圧や収奪を容易にしていく。「民族」は、まさに、西欧近代が生んだ植民地主義・帝国主義の理論であり、概念なんです。

姜　そうですね。

森巣　そして、「西欧近代」が創造、捏造した概念の中でも、とりわけ「民族」は、人間社会を喰い尽くすタチの悪い病です。いわば、悪性腫瘍。思えば、一九世紀と二〇世紀の大量虐殺は、民族概念に直接的、間接的に影響されて起こっています。しかし、もし草の葉、草の根レベルでこの病を壊滅させれば、民族根絶やし（エスニック・ジェノサイド）も、民族浄化（エスニック・クレンジング）も、民族紛争（エスニック・ウォー）も起こりえないでしょう。民族概念がもてはやされた一九世紀、二〇世紀が、大量虐殺の世紀と呼ばれるゆえんです。

姜　やはり、博さんは、民族概念そのものを抹消すべきだ、と。

森巣　いや、ここで、とくに姜さんに申し上げたいのは、民族は一般概念として成立しえないのだが、例外もまた存在するという点なんです。それは、非対称的権力の構図の中で、民族というスティグマを付けられ、西欧近代的な「進歩」の時間軸から取り残された者とされ、一方的に抑圧され収奪された（そして現在もされつづけている）少数民たち、および「在日××民族」という名で排除され差別されつづけてきた人々は、当然のように民族概念を正のベクトルを持つ力として立ち上げうるし、また、立ち上げるべきだと私は考えます。

姜　なるほど。

森巣　すなわち、日本と呼ばれる領域内に「日本民族」は存在しえないけれど、「アイヌ民族」、「沖縄民族」、「在日××民族」は成立しうるし、また、現に成立しています。民族という幻想は、外側を排除・抑圧・収奪し、内側を統治するのに非常に便利な道具として「西欧近代」に発明されたものですが、抑圧のための理論や思想は、必ずや、抑圧する社会そのものをそっくりそのまま内破する装置を携えていると、私は思います。

▼民族②——告白する必要のない者（多数者）には、民族概念はない

森巣　というわけで、終わらせていただきます。あー、疲れますな。

姜　どうもお疲れさまでした（笑）。しかし、大変うまくまとまってますよ。

森巣　いやいや。しかし、私のような、それまで差別も排除も感じてこなかった人間が考える民族概念というのは、右のとおりなんです。ただ、これは、姜さんにとっちゃ、もっと重層的だろうと。

姜　そうですね。だから、博さんが、民族は一般的には語りえない。そこには例外があるんだと言ってくれたのは嬉しかった。マイノリティでも、自己肯定的に自分たちを見ていいんだという気持ちになった。

森巣　民族という名のスティグマを付けられて、排除・差別されてきた「在日」のような人たちは、当然、民族概念に正のベクトルを付けて立ち上げることは可能だけど、問題は、果たして、主流の場に民族概念はあるのかということなんですね。つまり、「在日韓国・朝鮮民族」はあっても、日本国内に「日本民族」は存在するのか。

姜　そして、果たして、多数者に民族はあるのかどうか。

森巣　例えば、ペルーに行って、アンデスの山を掘り返していた日本からの移民の人たちの多くには、絶対に「日本民族」はあると思うんですよ。ただ、サッカーのワールドカップで日の丸を振った連中に民族はあるのか（笑）。

姜　僕が、一番嫌なのは、多数者の日本人でありながら、それが民族だと思ってる人は、自分の来歴について告白する必要がないことなんですよ。
森巣　ああ……、そうか、そうなのか。その部分には気付かなかった。
姜　多数者でありながら民族があると思ってる人は、みんな同じような来歴を持ってるから、あえて、自分たちをストリップにする必要がない。いわば、常に、訊く側にいられるわけですよ。質問する側が、結局、一番優位になるわけで。
森巣　それはそうでしょうね。
姜　告白していかなければならないというのは、多くの場合、少数者の問題になる。『破戒』の主人公で被差別部落出身の瀬川丑松《うしまつ》のように。もっとも、それに開き直る在日の人もいるわけですね。だから、博さんが言うとおり、実は、多数者には民族はないのではないか。それをあるかのように思っているから、異質な少数者たちに質問をしたりする権利があるように思っちゃうんでしょうね。
森巣　そうやって、誰もが、日常的に「国民」と「国民であらざる者」を振り分けているんでしょうね。
姜　結局、少数者がいなければ、「国民」は成立しないんです。
森巣　まさにそれゆえ、石原慎太郎みたいなのが、「中国人犯罪者民族的ＤＮＡ」論を言う。これはもう、剝き出しのレイシズムですね。ところが、前の対談の冒頭でも触れましたけど、剝き出しのレイシズムは、なぜか日本では批判されないんです。アメリカとかヨーロッパのレイシズムは非難するくせに。

姜　レイシストであるという意識がないんでしょうね。抗議しようとすると、さらにひどい攻撃を受けるし。結局、封印されちゃうんだよね。だから、無意識でいられるんじゃないかな。

▼人種――近代がつくりだした諸民族の階層秩序（判断基準は、進歩の度合い）

森巣　ところで、偉そうにしゃべっておきながら、民族差別とレイシズム（人種差別）の差が、ちょっとあいまいなところがあるんです。

姜　基本的には、民族差別とレイシズムは、結びついてる面がありますね。

森巣　まあ、ひっついたり離れたりする部分もあるし。

姜　あえて、民族差別とレイシズムを分けてみれば、僕は、レイシズムというのは近代がつくりだした諸民族の階層秩序だと思うんですよね。判断基準は、進歩の度合い。

森巣　そうでしょうね。

姜　もしもパキスタンの人が、それこそ日本と同じ豊かな国から来たのであれば、きっと彼らに対するレイシズムはないと思います。古代国家の成立以来、朝鮮＝「蕃国」という認識はありましたが、日本人が朝鮮人を民族的に差別するというのは、近代以前にはなかったわけでしょう。「朝鮮人」を十把ひとからげにして、それを自分より劣った地位に置くという考え方は、少なくともなかったわけで。だから、近代ですよね、それをつくりだしたのは。明治期に、福沢諭吉（6）が『世界国尽』の中で、「白人は眉目秀麗」なんて書いているんです。西欧近代＝白人の論理を、自分の内面にまで翻訳しているんですね。

森巣　進歩概念とレイシズムは、不可分の関係にある。

姜　まず、一八世紀ころから民族概念ができあがり、そして、分けられた諸民族がそれぞれ国家と結びつくことで、国民国家ができ、ナショナリズムができるわけですよね。その場合に、何が牽引力だったのかというと、それは、人種意識と密接にかかわる何かだったのではないかと思います。

森巣　外側の連中のものとは、俺たちのちんぽこは違うんだぞ、という意識でしょう。

姜　なぜ日本人が、自分たちは朝鮮人よりすぐれているんだというふうに考えるかというと、そこには、明確に人種の階層秩序があるわけですよ。進歩の度合いから判断して、日本人は進んでる、朝鮮人は後れてるということになるんですね。

森巣　それを、私がもうちょっとラフな形で説明すると、アイヌは、人類学者に頭蓋骨のサイズまで測られています。朝鮮人も、やられたのですか？

姜　日清戦争の原因になった甲午《こうご》農民戦争（7）っていうのがあったでしょう。そのときの東学党の首謀者の何人かの頭蓋骨が、北海道大学文学部所管の「古河講堂」で保存されてたんですよ。新渡戸稲造《にとべいなぞう》（8）あたりがどこからか持ってきたという説があります。

森巣　ああ、そうですか。

姜　結局、見世物にしたわけですよ。一九世紀の後半ですが、ヨーロッパでも、やっぱり同じようなことがやられてたんだと思う。

森巣　いや、それはもう、そもそも人類学というものが、そういうことをやるために立ち上げられた学問の領域だから。

姜　ただ、一つ違うのは、ヨーロッパと違って、外見上それほど差異のない人たちの国を植民地化していったので、そういうケースは比較的少なかったんでしょうけどね。

森巣　つまり、こういうことですな。大英帝国がアイルランドに行ったときはやらないけど、大英帝国がアフリカに行くとやるわけだ。

姜　そうですね。

森巣　で、西インド諸島に行ってもやるし、アメリカに行ってもやったし。

姜　そのとおりですね。日本と朝鮮の場合は、外見上の差異がそれほど明確でないがゆえに、逆に、差異を強調せざるをえなかったんじゃないかな。

▼グローバリズム①——福祉国家の挫折

森巣　しかし、石原の「民族的ＤＮＡ」発言を考えると、七〇年代末からのサッチャーの、剝き出しのレイシズムを思い出しますね。イギリスやアメリカが七〇年代末から八〇年代初頭に、グローバル化への対応策としてネオ・リベラルな改革に乗り出すと、逆に、ナショナルなものやレイシズム的なものが勃興するという、本当はパラドキシカルではないパラドクスを。

姜　そうですね。

森巣　前回の対談で、姜さんは、日本が現在直面しているのは、「失われた一〇年」ではなく、「失われた二〇年」なんだと話されました。七〇年代末から八〇年代初頭にやるべきであった構造改革を、スキャッパニズムという戦後体制的な日米談合で騙し騙し乗り切ってきたツケを、今、払わされているんだと。そうすると、石原発言も、グローバル化に対する、遅ればせながらの反動というふうに理解することも可能だと思うんです。まあ、あまりにもレベルが低すぎるのですが。そうすると、グローバリズムとは何かということも、ここでしっかり考えておきたいですね。

姜　まず、グローバリズムという言葉が英語圏の文献に登場するのは、おそらく、七〇年代後半から八〇年代初頭にかけてだと思います。しかし、前回、お話ししたように、八〇年代の日本では、グローバリズムという言葉は使用せず、国際化と言っていました。

森巣　国際化というのは、ある日本研究者の説明では、世界を日本のイメージで書き換える試みなんですね。それに対して、グローバリゼーションは、世界のイメージで日本を書き換える試みだと。だから、それに対する反発があって、ナショナリズムが台頭してきたのだ、と。確かに、あれは、説得力があった。

姜　グローバリズムとナショナルなものは、コインの裏表のような側面があるのかもしれません。

森巣　しかし、前にもお話ししましたが、個人的には、太古の時代からグローバリゼーションはあったと思うんです。そして、おそらく、グローバリゼーションの中にも、幾つかの段階があるんですよ。一八世紀末ころに成立した国民国家自体が、グローバリゼーションの産物である。

姜　なるほど。

森巣　ただ、姜さんが言うように、七〇年代の終わりくらいから、グローバリゼーションがまったく新しい段階に入ったことは事実でしょうね。その中で、国民国家の意味も、大きく変容してきていると思います。意味が変わってきているから、それを隠蔽するために、西部邁みたいな奴は、「伝統と言うとやばいから、トラディションって言おう」となる。

姜　だから「ニッポン・ネオ・ナショナリズム宣言」のようなカタカナ語が出現したのでしょうね。今では国体の本義なんて言っても、誰もついてこない。理解できないですからね。

森巣　国体の本義っておもしろいですね。私の意見では、国体の本義があるなら、国体の不義があってもいいと思う（笑）。

姜　国民国家自体が、おもしろいですよ。ベネディクト・アンダーソンは、国民国家のことをモジュールと言っていました。モジュール自体が、グローバル化の所産なわけですから。

森巣　さっきの日本研究者は、フォーマット化（形式化）って呼んでました。ある世界共通のフォーマットに合わせて、国民国家を形成していく。だからなおさら、差異が強調されるんだ、と。

姜　フォーマット化。それはわかりやすい。ただ、フォーマット化のフォーマット自体が、時代とともに変わるわけでしょう。

森巣　確かにそうです。

姜　その新しいフォーマットが、七〇年代の末くらいから出てきた。それを一言で言うと、国家が、人口（＝国民）を生かすという生命政治から、退却するということです。

森巣　それはどういうことですか。

姜　つまり、福祉国家をやめる。

森巣　ああ、そうか。

姜　七〇年代末以前の国家のイメージでは、ウエルフェア・ステート（福祉国家）なんですよ。

森巣　国家が国民の面倒を見てくれる。だから、国民としての義務を果たせと。確かに、そういうイメージがありました。

姜　しかし、七〇年代の終わりくらいから、国家が、人口としての国民をボトムアップ（かさ上げ）していくことができなくなったんですね。そのように、ウエルフェア・ステート的な方向性が挫折すると、結局は、資源の選択的な配分が起こらざるをえない。それを再配分化していくために、国家の正当性を、別のものに切り替えなければならなかったんです。

森巣　まさに、八〇年代の英国。サッチャリズムそのものです。

姜　だから、そのときに現れてきたのが、公共の福祉とか国民の幸福ではなく、効率性、合理性、能率性なんです。それがさらに、自己責任や自己開発にシフトしていった。結果、国家を意識しないと自分たちの生存が危ういとか、何か、そういう議論になっていったんですね。

森巣　福祉国家には、ソーシャル・セキュリティという言葉があったでしょう。それが、八〇年代に入ると、ソーシャルの部分が抜け落ちてしまった。例えば、オーストラリアの政治でも、セキュリティという言葉だけをよく使うようになってきます。福祉はもう限界だけど、外国人犯罪やテロリズムから国民を守るという話なんですね。

姜　今、博さんがおっしゃったように、確かに、ソーシャル・セキュリティは、社会保障の意味ですね。それが抜け落ちて、国家が保障するセキュリティは、結局、公安だけになった。

森巣　そうですね。

姜　安全という意味のセキュリティが出てきた背景には、世界がどこか、万人の万人に対する闘争状態のような「自然状態」に近づきつつあるし、私たちの社会もそうなりつつあるという共通認識が、みんなの中にあるんでしょうね。その自然状態の中で、セキュリティ（安全）を侵すような危険なアイデンティティを持った集団や個人がいる。その危険な人間たちを回避するためには、どのようにすればいいかということが、公然と論議されるようになったわけです。

七〇年代末以前の国家においては、例えば、警察機構が治安維持活動に積極的に介入するようなことはあまりありませんでした。もちろん、デモに参加する人たちを弾圧したりもしましたが、ミリタリー・パワーと警察力は、明確に分けられていました。それが現在では、不分明なものになっています。

森巣　ううん。七〇年代以前の日本でも、公安警察の側面は強かったと思うのです。ただし現在はそれが完全に合体しちゃった。

姜　福祉国家が破産するということは、階層間の格差が広がることを意味します。同時にそれは、国家間の格差が広がることも意味します。そうすると、社会全体が自然状態に近づいていくのではないかという恐れが出てくる。当然、国家は、人々のセキュリティを守ってくれる最後のよりどころになります。

森巣　ただ、私がわからないのは、健康保険でも社会保険でも、団塊の世代の人たちなんかは、ずっと保険料を払ってきたのに、小泉純一郎になって突然、健保は三割自己負担だなんてことを言い出されたわけでしょう。やっと受給できると思ったら、国家の首長が「かけた金額分はもらえません」と言うわけです。何で石を投げないのかな。

姜　そうですね。

森巣　今のお話の中に出てきた「安全」についてですが、何だか、今は、安全か自由かという二項対立的な発言、主張が多いわけです。安全のためには自由を放棄しろ、とでもいうような議論の立て方をされる。でも、私に言わせせると、自由を奪われたら安全も失うんだという基本的な部分が、その議論では見えていない。それなのに、メディアは、依然として二項対立的な報道をつづけるし、とくに、アメリカなんてあからさまにそうでしょ。政府自身もそう思い込んでいるのかもしれないけど。

姜　それはそうでしょう。

森巣　九・一一以降、アメリカは、実にいろんな言論統制をやったわけです。憲法のアメンドメント[9]のナンバー1かナンバー7かを持ちだして。つまり、言論の自由を抑圧する方法として、安全か自由かという二者択一的な問題提起の仕方をしてきた。それは、明らかにインチキな方式です。つまり自由がなくなったときは、安全もないんです。

▼グローバリズム②——一億総「在日」化

姜　なぜ、セキュリティの問題にこだわるのかというと、七〇年代まで、在日韓国・朝鮮人は、自分たちのことを犯罪者だと思わざるをえなかったんですよ。象徴的だったのは、一九六八年の金嬉老事件。そのとき、僕たちの中には、金嬉老が自分たちの思いを代弁してくれたという思いもあったんです。金嬉老よ、よくやってくれた。在日の人間がどれだけひどい差別を受けてきたかを、お前は日本人たちに訴えてくれたんだ、と。だけど、それと同時に、自分たちも彼と同じような犯罪者に見られるんじゃないかという恐れもありました。それで、在日の人間はみんな、事件が長期化するにつれて、金嬉老に加勢しなくなっていったんですよ。
森巣　なるほど。
姜　だから、今、アメリカで生活しているアラブ系の人がどういう状態であるか、少しアナロジカルに見えるわけです。七〇年代の末まで、在日韓国・朝鮮人＝犯罪者だという図式が、確かにあった。他者がそう見るのではなく、自分がそう思い込まされていた。それこそ、石原慎太郎じゃないけど、やばい因子が入っちゃってるんじゃないかと。
森巣　民族的ＤＮＡか。
姜　あらゆることが、非常にネガティブにしか見られなかったんです。しかし、在日韓国・朝鮮人に突きつけられていた個別状況が、今は、どこか社会現象化しているように感じられるんです。つまり、在日的な存在が増えている。それは、イスラム系の人たちであったり、犯罪者予備軍の脱落者であったり、ホームレスであったりする。
森巣　確かにそうですね。
姜　結局、在日韓国・朝鮮人は、福祉国家の外にいたわけです。そして、福祉国家の外にいたから、治安管理の一番の対象として見られていた。
森巣　ああ、そうか。
姜　だから、あの時代は年金はなかったし、失業保険も当然もらえなかった。
森巣　就職だってできなかったですしね。

姜　それから、住宅金融公庫もなかった。だから、僕の父親や母親の世代には、国家や社会が福祉とか扶助をやってくれるという発想が、頭の中にいっさいない。自分で何かをつくっておかなければ生きていけないんです。でも今は、在日だけでなく、多くの日本人が、この現実に直面しているわけです。

森巣　それは、日本国民全体が在日化したということですね。

姜　ああ！　僕が、今それを言おうとしてたのに（笑）。まあ、大げさに言うと、いずれ、日本人の在日化が始まるのではないかと。だけど、逆に、国立大学にポストがあるような僕のほうが、日本人化しつつあるのを感じたりもします。変な現象ですよね。そういう状況を、国家が国民に納得させるためには、それまでとは違った正当性やロジックが必要になるんです。

それが、七〇年代の終わりから、イギリス、アメリカで始まっていたと思うんです。日本では、今、それをあけすけに公言しようとしています。国民は、企業にも、国にも寄りかかるなと。そして、自分たちのことは自分たちでしなさい。それで頑張らない人はダメですよ。だから、医療費も自己負担をこれだけ増やしますよ、と。

森巣　八〇年代初頭の英国で流行ったものに、素晴らしいフレーズがあります。プリーズ・フィール・アット・ホームレス（笑）。

姜　いい（笑）。

森巣　ちなみにこれは、自宅に人をお迎えするときの慣用句（プリーズ・フィール・アット・

ホーム）をもじった、洒落《しゃれ》でございます。以上。

姜　個人的には、そういう状態を作ろうとしても、日本ではうまくいかないんじゃないかと思ったんですが、意外と、自己責任という考え方が、この一〇年の間に、いろいろな学者やジャーナリストを通じて、かなり言説化されました。

▼グローバリズム③――グローバリズムが、国家を要請する

森巣　だけど、一つ質問があります。いわゆる、同一文化、均質文化を主張することで、日本論、日本人論は持ちこたえてきたわけですよね。ところが、姜さんがおっしゃった状態は、必然的に、二極分化を生起させるものですよ。いや、二極ではなくて、多極なんだろうな。したがって、同一性とか均質性という幻想はいずれ崩れざるをえない。でも、同一性、均質性を主張している人たちこそ、実は日本政府であり、ウヨクの論客たちであるわけです。

姜　在日みたいな人たちが増えるからこそ、一方では、やっぱり国家という統合の働きがなければますます分裂して、社会が成立しなくなってしまう、というロジックが受け容れられている面がありますね。しかし、分裂を促進するようなグローバル化にウェートを置くのか、それともそれに反対して国家の共同性を第一義的に考えるかによって、ナショナリストにも違いがあると思います。

森巣　まったくそう思います。

姜　例えば、西部邁は、同じナショナリストでも、いわゆるニューエコノミーを主張する人たち、いわゆるグローバリゼーションを射程に入れた論者たちに、徹底して反対してますね。だから、小沢一郎はどこかで、西部は使い物にならないと言ったそうです。ところが、坂本多加雄は、西部ほどではないんです。一方で、グローバリゼーションに少しコミットしつつ、もう一方では、その国家という問題を議論しようとしている。後者は、京都大学の中西輝政[10]のような論客も含みます。

森巣　中西の主張では世界が見えてこない。

姜　グローバル化と国家意識を両立させようとしても、今の状況が進んでいくと、彼らはどこかで分裂するんじゃないかと思うんです。で、結局、国家のグローバル化がヘゲモニーを握ると思うんですね。だから、小林よしのりは、役割を終えたらポイ捨てにされるんじゃないかな。ネオ・ナショナリズムだけでやっていこうとすると、日本のグローバル化と矛盾する部分が出てくるわけです。

森巣　いや、小林よしのりは、すでに捨てられましたよ。私が不思議に思ったのは、「新しい歴史教科書をつくる会」という、完全なネオ・ナショナリズム運動があります。なんと、あれに賛同している企業があるんです。例えば、ＢＭＷの日本支社長とか、ブリヂストンとか、キヤノン。ああいうグローバル化した企業や、その日本支社のトップが支援しているんですね。あれは、どういうことなんでしょう。

姜 今のグローバリゼーションへの対処法について、資本の中にも、いろいろな葛藤があるんじゃないかと思うんですが。

森巣 確かに、葛藤があらざるをえないでしょうが、あんなことにトップが加担してボーダーレス企業としてやっていけるのか、という疑問があります。

姜 僕はこう思うんですが、グローバル化を、ウィーク・ステート（弱い国家）＆ストロング・マーケット（強い市場）というふうに単純に捉えていた人が、以前にはいたと思うんですね。でも、それは間違いで、やっぱり国家が強くなければ、市場におけるバーゲニング・パワーがつくれないわけです。そういう認識から、ナショナリズム的なものを支援する企業人が現れたのかもしれません。

森巣 そもそも国家を必要としたのは、グローバリゼーションの側なのではないかと、私は以前から考えていました。

姜 僕も、その意見に賛成ですね。あまり詳しくは知らないんですが、いったい、どこで国際会計基準というものができたんでしょうか。例えば、日本の金融機関が国際業務にあたるとき、自己資本比率が八パーセント以上でなければならないわけでしょう。誰がそれを決定したのか。

森巣 あれは、スイスにある世界決済銀行が、スタンダードをつくる。

姜 そのスタンダードをつくる場合には、国家を代表する政府のいろいろな力が、かなり強く働いたりするんではないかと思うんです。グローバル・スタンダードのルールが、どこでどんなふうにつくられていって、そこに、ＩＭＦ（国際通貨基金）や世界銀行はどういうふうに絡み合っているのか。世銀やＩＭＦやＷＴＯ（世界貿易機関）は、アメリカやヨーロッパや日本に、どういう具合にコミットしたり、あるいは国際官僚がどういうふうに動いているのか。僕は、詳しくは知らないけど、いずれにせよ、国家自体が有するバーゲニング・パワーがなければ、実は、グローバリゼーションに勝てないという考え方を持っている人が、結構、いるんじゃないかなと思うんですね。

森巣　でも、これは簡単なんですけど、どうやったって、アメリカの覇権主義には勝てないでしょう。勝てますか。

姜　それは難しいですね。

森巣　例えば、単体の国民国家として、アメリカに対抗することができるのか。

姜　ただ、グローバル化は、必ずしもアメリカ化ではないと思うんです。少なくとも、イコールではない。ただ日本の「国益」や資本の論理からすると、セキュリティという問題が出てきたときに、国家を意識し、国家の軍事力とか警察力を自覚的に使わなければならない、ということです。そこには日本という国家のヘゲモニーが、国際社会の中で認知されないような状況に、なりつつあるという危機感がありますね。今までのように、資本だけが自由に動いていればいいという状況では、もうダメだと思われているわけです。海外でテロが起きる。そのときに、企業内部の危機管理マニュアルでは、もはや対応できないと思うんですね。そのときに国家がどう動くかっていうことは、今、かなり重要なテーマになっているような気がしています。

森巣　ちょっと話が逸れてしまったかな。

姜　いや、でも重要なことですよ。

▼資本主義①――貧困問題

姜　というのも、やはり僕は、ポリティカル・エコノミー（政治経済）の視点を忘れた見方は、何か重大な問題を見落としてるような気がしています。この一〇年間の知的トレンドが、やっぱり、文化研究にあまりにも偏りすぎたように思うんです。もちろん、少数者のアイデンティティの復権とか、それはとても重要なことです。けれども、二〇〇一年の「九・一一」が起こるまで、われわれは、アフガニスタンのことは何も知らなかった。第一、この数十年にわたって、世界全体としては貧困層がますます増えているんです。

森巣　確かに、貧困の問題は深刻ですね。九・一一だって、突きつめれば貧困が原因です。もっと言えば、貧困自体が、確実に近代化しているという側面もある。

姜　そうですね。貧困の問題は、先進国社会の上にも徐々に現れつつあります。だから、今後、われわれが考えていくべきは、むしろ、カルチュラル・スタディーズ的な視点やアイデンティティの問題を導入することで、ポリティカル・エコノミーを再生させるようなベクトルです。それが実現すれば、ようやく見るべきものが見えてきて、批判理論の構造が今後どうあるべきかがわかってくるはずなんですよ。それは、九月一一日のテロ事件をどう受けとめるかによって違うと思うんですけど。

森巣　でも、九・一一以降、日本はまた、文明論に向かって行っちゃったんでしょう。

姜　それはもう、まったくイデオロギッシュな代物です。

森巣　ブッシュが言った、文明の野蛮に対する反撃とか破壊とか。つまり、文明論があの悲劇をつくりだしたという、基本的な部分を忘れてるわけでしょう。文明論こそ、九月一一日をつくったのです。

姜　この間、立命館大学に行って話をしたのは、九・一一以降、われわれが知らなければならないのはアメリカについてであり、また、文明の民だと思っている自分自身をこそ、もう一回見直さなければならない、ということだったのです。

森巣　たった数人のアフガン難民を、追い返している場合じゃないんですよね。

姜　アフリカに関して言えば、日本の学者やジャーナリストたちは、南アフリカとか一部の地域を除けばほとんど関心がないし、まったく現状を知らない。だけど、膨大な数の人が毎日、死んでいるのは確かなんです。これは、弱者の救済の可能性を、本当の意味で断ち切ってしまっている状態なんです。国内に対しても。そして、世界に対しても。

森巣　そうですね。

姜　豊かな社会へのキャッチアップ幻想が完全になくなったときに、救済されない人々は、何を求めて生きていくかが問題になっていく。その一つに、テロリズムがあるのだと思うんです。

森巣　重要なことは、富の再配分じゃないかと思うのです。もし本当の意味での安全を求めるのなら、富の再配分をするシステム、公正、公平なグローバル・システムを考えることが、最重要だと考えます。

姜　経済学、倫理学という学問は、富を再分配するシステムをいかに構築するかという方向には進んできませんでした。アマルティア・セン[11]なんかは、例外的ですけどね。西欧の良心的な学者たちは、この問題にどうやって取り組んでいくべきかを、すでに考えはじめているとは思うんです。でも現実的には、ヒエラルキーのピラミッド構造は、ますます先鋭化している。

森巣　放っておけば、九月一一日が九月一二日になり一三日になり一四日になりうるはずです。

姜　そもそも、貧困の問題は、経済学のイロハだったはずなのに、いつの間にか忘れ去られていった。

森巣　経世済民。

姜　僕自身も忘れていたけど、それは非常に、基本的なテーマなんです。近代のナラティブ（物語）は、やっぱり、キャッチアップだったと思うんですよ。キャッチアップがあるからこそ、野蛮、半開、文明と暴力的に分けても、野蛮の側が文明の側へとキャッチアップできると信じられていたわけです。日本はこれまで、サクセス・ストーリーを歩んできたんですが、一億総在日化や世界のピラミッド構造の先鋭化など、キャッチアップの回路が内にも外にも閉ざされてしまうと、「われわれ」と「かれら」を分ける境界線がますます固定化され、しかも、野蛮な部分がますます増えるような状況になるでしょう。

▼資本主義②——資本主義はどん詰まりに来ているのか？

森巣　そもそも、発展段階論の存在が、もう六〇年代から否定されていたのに。

姜　資本制システムが、今、どん詰まりに来てるのかどうなのか。もしかしたら、もう終わりなのか。われわれは、今、それを評価しなければならないところまで来ているんですね。自分の中に、経済史やテクノロジーについての蓄積がなかったことを、最近、しみじみ感じています。専門だったマックス・ウェーバーの理論は、どこか平和的な資本主義が理念型としてあったという前提なんです。大塚久雄の間違いもそう。同じくドイツの経済・社会学者のゾンバルト(12)も、戦争と資本主義とか、社会主義と資本主義とか、それらを非常にすっきりとした物語を通して見てたんですね。でも、資本主義はもともと、不純物と一緒に現れてきたのではないかと、僕は最近、思うようになりました。

森巣　これは私の説なんですけど、資本主義の起源というのは、あれはイングランド非合法賭場なんですよ。コーヒーショップという。

姜　ああ、それはあり得るかもしれない。

森巣　あそこから南海に向かって船を出すんですよ。つまり、サウスシーにコショウをとりに行く。そうすると、ものすごい危険が伴うわけですね。その危険を分散する目的で、一七世紀に株取引がイングランドのコーヒーショップで始まった。完全に博奕でした。だから、今でもイングランドでは、株のことをシェア（分け前）って言うんです。

姜　シェアですか。

森巣　アメリカに行けば、ストックになりますけど。で、何でシェアかというと、まさに博奕に勝利した自分の「勝ち金」分ということなんです。ところが、これは、サウスシー・バブルでつぶれるわけです。日本のバブルも、サウスシー・バブルとまったく同じです。それはすでに、一七世紀のイギリスで起こったことなんです。

姜　それよりも前の、フランスの保険のことが、『ベニスの商人』のテーマになってるでしょう。

森巣　ええ。あれは資本主義以前の話ですね。資本主義の息吹というか。『ベニスの商人』には、何か資本主義の規律道徳倫理の芽生えみたいなものが書かれてあるのですね。

姜　マックス・ウェーバーが『プロテスタンティズムの倫理と資本主義の精神』で描いたような物語は、史実の上では懐疑にさらされています。何か独立した中産階級的な生産者層がいて、それが、ピューリタニズムのエートスを持って、刻苦勉励、禁欲的に労働に励み、やがて意図せざる結果として、富を生み出していく。これが、資本主義の起源だと言うんですね。

森巣　それは問題の多い物語ですね。例えば、バングラデシュの縫製工場で、勤勉に禁欲的に、ほかの人とは比べものにならないくらい働いて、ウェーバーの言うような富が得られているかというと、経営者を除けばそんな人は誰もいない。だからこそ、資本構造の分析が必要になってくる。

姜　資本主義に潜む、これまでのイメージとはまったく異質で、何か非常にダーティなものを考えなければならないでしょう。だけど、九〇年代以降に全面化する、金融派生商品(13)を中心とした資本制を、アダム・スミス(14)の時代と比べて単純に逸脱と言っていいのか、難しいものがありますね。新古典派経済学(15)なんかは、どう解釈しているのか。でも、経済学者に、ニューエコノミーが富を生み出していく理由を訊いても、完全に説明はできないんじゃないかと思うんです。

森巣　一つの問題は、おそらく、経済学、文化論、社会学は、それぞれまったく違うものに向かっていて、相互にコミュニケーションができていないんですね。しかし、現在では、これらを包括しないと見えてこない領域があるはずです。

姜　そういう意味では、アメリカの軍事力を抜きにしては、ドル信任というのは生まれないんじゃないかと思う。

森巣　そうですね。まったく。

姜　それからアメリカの文化を研究するにしても、やはり、ドル信任や軍事力の問題を同時に考えていかなければならない。ドルが基軸通貨と見なされているのは、アメリカ文化は普遍的で受け入れやすいというイメージと、どこかセットになっている面もあると思うんです。

森巣　でも、これもまた同じことになるけど、何がアメリカ文化かっていうことは問われなければならない。アラバマの山中で、軍事訓練やってる連中が、アメリカの文化の表象なのか。

姜　今は、九月一一日のテロが起こって、人文社会科学が、もう一回、その存立基盤である近代の根源そのものを問い直す作業が必要ですね。あの事件は、セキュリティとかリスクとかっていう話じゃなくて、知的作業に携わってる人間たちが、それをどう受けとめて、自分たちの知的なパラダイムをどう捉えなおすのかと、そういう契機にしなければいけない。

森巣　新しい批判的想像力の構築。

姜　それほど非常に重要な事件だと思うんです。その中で、今までコロニアルな問題を背負ってきた僕のような人間は、あの事件をどう受けとめて、今後どうしたらいいのか、そういうことを考えさせられました。まだ、答えは全然出ないんですけど。

▼難民①――一〇〇万人の難民を殺せるか？

森巣　先ほど、「われわれ」と「かれら」を隔てる境界線が、ますます強化されつつあるというお話がありました。ここで少し、その境界線というものについて考えてみたいのです。

姜　そうですね、まず、境界線が成立することによって、辺境というものが生みだされますよね。人為的につくりだされた辺境は、中央から一方的に排除されたり組み込まれたりしていく。

その境界線をもとに地図が作成されたりすると、それまでありもしなかった想像の領域がつくりだされる。そして、歴史像自体が変わってしまうんですよ。

森巣　帝都から辺境に至る史観です。

姜　僕は、なぜ朝鮮半島が日本から劣等的なものとして見られるようになったのか、前から興味がありました。それで、明治初期の公文書を読んでいくと、朝鮮半島への日本の進出が正当化されていく過程で、古代の「三韓征伐(16)」の神話と豊臣秀吉の朝鮮侵略の歴史とその記憶が想起され、それが現実の朝鮮への進出と結びつけられているのです。結局、日本が文明化するためには、朝鮮という「野蛮」を必要とし、それを捏造するための境界線を必要としたんでしょうね。

森巣　これは、民族幻想の成立と、同一です。

姜　前回の対談で話題になった「国体」という言葉も、近藤重蔵(17)や間宮林蔵(18)などの北方探検が行われた近世ぐらいから存在していたと思います。その国体が社会化されていき、近代日本のナショナル・アイデンティティを支える重要な概念になっていくのは、明治以降ですけど。

森巣　しかし、国境なんていうのは、どんなに起源を遡《さかのぼ》っても、せいぜいが一六世紀から一七世紀の西欧からですよね。これはある人からうかがったんですが、戦前は、中国から日本に来るのにパスポートは必要なかったそうです。それが戦後、必要になった。ここからも、国境の意味が見えてくるわけです。

姜　そうですね。

森巣　日本のウヨク論客たちは、中国で政権交代が起こったり、北朝鮮経済がつぶれたら、大量の難民が来るから武装せよと言っている。でも、もし本当にそういうことが起こって、五〇万、六〇万単位の難民が漁船でやってきたら、これは撃ち殺せません。絶対に、受け入れるしかない。

姜　まったくそのとおりですね。

森巣　だから、難民がこのまま増えていくと、きっと国境は消えていくはずだと思うのです。いわゆるグローバリゼーションで、知識とか資本とか労働とか雇用とか情報、その他もろもろ事実上、自由化されているわけです。ところが、現実として、まだヒトの出入りだけを管理する国民国家のボーダーが存在している。これは、近い将来には消えざるをえないものではないでしょうか。

姜　今は、難民問題は少数者の問題で、しかも、制御可能なものだというところに押し込めようとしていますけどね。

森巣　嘘の想定ですよ。

姜　難民は、西欧が一六世紀、一七世紀以来つくりあげてきた、国家を中心とするシステムの根幹部分を揺るがす大変な問題だと思います。

森巣　いずれにせよ、昔は、難民などいなかった。難民という概念ができたのはいつぐらいからなんでしょうか？

姜　難民は事実上ステイトレス（国家なき状態）で、権利もない。それが膨大な形で出てきたのは、やはり、第一次世界大戦後だと思います。逆に言うと、民族自決権が国際的に認められて、イスラエルのような新たな国をつくろうとしたときに難民が出てきて、それが世界中に広まっていった。難民は二〇世紀的な現象なんですね。だから、今、難民問題が収拾不可能になったとしても、国や国際機関は何もできないと思うんです。

森巣　同感です。受け入れるしかない。ここで言いたいのは、九・一一のテロの後、「ショー・ザ・フラッグ」と言われて、日本の国際貢献が問題になりました。あのとき、本当は、アフガニスタン難民を一〇〇万人の単位で受け入れればよかったのです。そうしたら、世界中から感謝されるし尊敬される。自衛隊なんかを送ったって誰も評価してくれないですよ。それができないのは、基本的にはレイシズムのせいなんです。

姜　国家は常に、ろ過装置みたいに働いてくれるはずだと。自分たちはいい空気だけを吸いたい。不純な存在がいると空気が汚れる。そういう感覚が、人々の中にインプットされてるわけですよね。

森巣　それが石原都知事の「三国人」発言、および、「中国人犯罪者民族的ＤＮＡ」論に直接つながっている。たった四人のアフガニスタン難民を受け入れることができない。一方で自衛隊は派遣する。難民を受け入れないことに関しては、メディアは大きく取り上げない。もう無茶苦茶。

姜　僕は、前から学生にも言ってますが、最低一〇万人の受け入れは必要なんです。これは、社民党の辻元清美代議士（当時）も言っている。でも、一〇〇万人ならもっとベターなんです。

森巣　いや、二〇〇万人！

▼難民②――世界のどこにも、外部などない

森巣　私が、なぜ国境がなくなると考えているのかというと、基本的には人権に国境はないという考え方があるからです。地方自治体みたいな意味で国家は残るかもしれませんが、向こうから来る人を拒んだり、出る人を管理するような国境はなくなっていくのじゃないでしょうか。でも、日本の言論界の中心にいる連中は、基本的には鎖国論なんですよ。

姜　そうですね。

森巣　開かれた国家なんて言ってる連中も、基本的には鎖国論です。

姜　本当だったら、四人のアフガニスタン難民の国外退去処分を法務省が決定した時点で、メディアは、一大キャンペーンをするべきだった。これだけ人権を無視しているのは、それこそ国民国家の欺瞞《ぎまん》です。

森巣　本来、これも非人道的なことで、やってはいけないと思うんですが、現実問題として、受け入れ国側の移民の選定っていうのが行われていますよね。オーストラリアでもそう。アメ

リカでもそう。日本も、労働力不足や少子化を問題にするなら、若い移民をどんどん受け入れればいいのです。

姜　そうですね。ただ、ナチスを見てみると、その理由はよくわかります。なぜヒットラーは、ユダヤ人を労働力として使わなかったのか。つまり、六〇〇万人のユダヤ人を殺すために、資源が不足してても、運搬車両や収容施設、そして、焼却施設をつくった。どうしてそれだけ「無駄な」ことをしたのか。

森巣　民族の純化です。

姜　そう。レイシズムは論理ではないんです。だから、難民として日本に来る人たちが労働力として役立つとか、日本の社会を活性化することになるんだとかいう、国益論者的な理屈でも、決して彼ら彼女らを説得することはできない。ナチスと同じように、論理では動かないんです。ナショナリズムとレイシズムの関係は非常に複雑だと思いますが、日本で一〇万人から一〇〇万人のアフガニスタン難民の受け入れをしようという話を持ちだすと、まず、荒唐無稽な戯言《ざれごと》として一蹴されてしまう。

森巣　なんで、荒唐無稽なのかなあ。こんな、現実的な国家計画を（笑）。

姜　結局、人権というものは、国境の内側の人間のもので、外国人にはどれだけの範囲でそれを与えるかという議論なんです。だって、日本の法律では、市民権、居住権、社会権と、外国人の法的権利には段階的に幾つものゲートがあるんですよ。でも、そのゲートをつくっていること自体が意味をなさなくなってしまえば、初めて、人権は国境を越えられると思うんです。そのためには、難民の大量受け入れは、かなり本質的な大転換になるでしょうね。

森巣　発想の転換ですね。それに関して言えば、フランス革命のときの自由、平等、友愛という言葉は、フランスと呼ばれる境界線の中だけでしか通用しない理念なんですね。それを主張した植民地、外地フランスに対して、フランス本国がどんな非道なことをやってきたかを見れば、それは明らかです。言ってみれば、ボーダーで囲んで、「私たちはこういう文明をやります。その文明を支えるためには、おまえら外地フランスが必要なんだ」ということです。これは、日本帝国の場合もまったく同じですが。

姜　そうですね。

森巣　しかし、その一方で、日本国内では一億総在日化現象が起きている。世界は難民で溢れ返り、その数は日増しに増えつづけている。ディアスポラが、現在一億二〇〇〇万人ですか。これは、日本の総人口と同じです。だから、そういう状態が極限に達した段階で、国民国家の意味が変容してしまうのじゃないか。あるいは、国民国家は、消え去ってしまう。

姜　結局、セキュリティが、国民国家の最後の牙城なんでしょうね。だけど、「同じ日本人じゃないか。この暮らしは守りたい。変化を起こしたくない」というような暗黙の了解は、まだあるんだと思います。だからこそ、常に、外部をつくりつづけなければ困るんです。ひどいリアリストがいて、国民国家がフィクションだなんてことはわかっていると言うんです。しかし、国民の共同体が「平和的」に存続するためには、常に外部をつくらなければならないんだと。

森巣 最悪だな。

姜 それは、関東大震災のときに虐殺した、おびただしい数の朝鮮人でも何でもいいんです。でも、その特別な存在が実は外部に通じている、というフィクションをつくらなければ、共同体という幻想が成立しないのは確かです。

森巣 そのうちに、日本語版が出ると思いますが、私は、ハート[19]とネグリ[20]の『帝国』(Empire)という著作に大変な衝撃を受けた者です。これは非常に刺激的な論考でした。ハートとネグリによれば、「帝国」とは、内部矛盾を外部化することによって、成立してきた。ところが現在では、世界のどこをどう探しても外部なんてものはないんだ、ということを指摘してるわけです。偉そうだな、俺も(笑)。

姜 まさしくそうですね。そう、外部はなくなったんです。それにもかかわらず、無理に外部をつくろうとして、レイシズムやナショナリズムがつくられるわけです。

森巣 では、外部がなくなった世界で、どのようなリイマジンド・コミュニティ(再想像の共同体)を構築していけばいいのか。そのことを、この対談のまとめとしましょう。

終章　無族協和を目指して

▼無族協和《むぞくきょうわ》とは何か――リイマジンド・フォーエバー（巨人軍は消滅しても、再想像は永遠です）

森巣　「五族《ごぞく》協和」ってのがあったでしょう。一九三二年、満州国の建国宣言の中に出てきた言葉で、満州に住む五族が共存共栄していくことを説いていた。ちなみに、その五族ってのは、漢（漢族）、満（満族）、蒙（モンゴル人）、日（日本人）、朝（朝鮮人）なんです。

姜　そうですね。

森巣　実はこれ、中国国民政府が五族代表の協和体制の実現を目指して北伐を展開していたのに対して、日本側が対抗したものでした。中国国民政府が使っていた言葉は「五族共和」と言って、満州国のそれとは一字違い。これに含まれる民族は、漢（漢族）、満（満族）、蒙（モンゴル人）、回（回族）、蔵（チベット人）だった。

姜　はい。

森巣　で、共存共栄を謳うのはいいとして、それがなんで、たったの五族だけなのかな、と。それで、私が考えたのが、「族」という概念を殺したところで成立する「無族協和」。

姜　ああ――、それはすごい。

森巣　共存共栄を目指すのに、ケチケチするな、と。で、繰り返しますが、私としては、民族概念に対して、そんなものありゃせんわと徹底的に批判する立場をとっています。もちろん、前述したように、非対称的権力の構図の中で、民族というスティグマを付けられ、「進歩」の時間軸から取り残された者として、一方的に抑圧・収奪されている少数者が、正のベクトルで使用する限りにおいては、民族概念を積極的に認めたいとも思っている。

姜　ええ。

森巣　でも、私のように、あらゆる集団レベルのアイデンティティからの自由を目指す人間でも、姜さんのように民族アイデンティティの重みを背負って生きてきた人間でも、誰もが共存していけるような、世界のあり方というのは一考に価するのではないかと思うんです。

姜　非常に刺激的な提案ですね。

森巣　先ほどの一億総在日化や難民問題がさらに先鋭化していけば、例えば、「在日」のような人たちを外部化して、国民国家の共同幻想を維持していくのは、限界です。この世界に、もはや外部なんて存在しない。それに、今や、右も左も、国民国家のフィクション性を認める時代です。

姜　そうですね。

森巣　国民国家が、実は、イマジンド・コミュニティ（想像の共同体）であり、それが風前の灯《ともしび》であることは、誰もがわかっている。ならば、私が、国民国家に代わるコミュニティのあり方——リイマジンド・コミュニティ（再想像の共同体）を提示しようじゃないかと。それで、この「無族協和」というものを考えてみたんです。

姜　それについて、ちょっと思うのは、博さんが言及された、ハートとネグリの『帝国』なんです。

森巣　はい。

姜　さっき博さんが説明してくれたように、一八世紀末ころに発明された民族概念は、多くの災厄を人類にもたらしました。そして、その民族概念が持つ暴力性は、国民国家とセットになったときに、もっとも顕著になるように思うのです。

森巣　そうですね。

姜　で、国民国家に比べると、帝国というのは、その領域内にたくさんの民族を包摂できるわけです。国民国家が単一民族的なフィクションを偽造するために、在日や沖縄人などの少数者を絶えず排除しつづけているのとは対照的です。ところで、先ほど、博さんが話してくれたように、オーストラリアは八〇年代以降、多文化主義を掲げてきています。同様に、アメリカも、オーストラリアほどじゃないにしても、多文化主義的な方向に進んでいこうとしている。つまり、これらの国は、国民国家的な属性をふりすてて、帝国になろうとしているのかもしれない。

森巣　そういう部分は確かにある……。

姜　博さんは、民族を捨てようという。では、人は、民族を捨てたら、どこに行くんでしょう。一つは、無族協和。これはもしかしたら、博さんだけではなく、僕自身の結論になるかもしれない。しかし、もう一つは、帝国に包摂されるというベクトルもあるかもしれない。

森巣　そうですね……。ハートとネグリの『帝国』は、世界に内部矛盾を外在化する、その「外部」はすでに消滅した、と明瞭に提示してくれました。

姜　だからこそ、その無族協和が、単なる安手のコスモポリタンではないということを証明しなければなりません。そして今、われわれは、その無族協和的なるものに向かって、具体的にどのような行動をしていけばいいのか。例えば、二〇〇一年のジェノバ・サミットや、一九九九年のシアトルでのWTO閣僚会議に、反グローバリズム勢力が続々と集まってきてたでしょう。

森巣　うちの息子も参加していたそうです。

姜　あっ、本当ですか？

森巣　ご存じでない読者のために説明すると、うちの息子は、ニューヨークで、ヘッジファンド[1]の「クアンツ」をやっています。「クアンツ」というのは、トレードにおける数式をつくっていく数学者のことです。

この子は、数奇な人生を歩んでいて、一〇代で、ケンブリッジ大学の大学院に入り、二〇歳で、カリフォルニア大学で純粋数学を教えはじめました。それから、ヘッジファンドからヘッド・ハンティングされ、現在、ウォール街で大金を稼いでおります。

姜　さすが、草の葉民主主義の薫陶《くんとう》よろしく（笑）。でも、驚きました。

森巣　親バカ炸裂ですが、嬉しかった。どういう事情かは、詳しくわからないのですけど。ただ、たぶん、彼が反対してるのはグローバリゼーションそのものじゃなくて、グローバル資本の問題だと思うのです。

姜　富の再分配か。

森巣　彼にとっちゃ、金をつくるというのは簡単なことです。問題は、その富をどうやって再分配していくかということでしょう。今までのように、収奪ばっかりつづけていったら、資本主義そのものがもたなくなってしまう。九月一一日は、必ず九月一二日になり一三日になり一四日になり一五日になり、一年三六五日起きつづけますよ、と。

姜　とにかく、反グローバリズム集会に参加していた人たちの中には、博さんの息子さんのように、グローバル経済のエリートたちも参加していたんですね。無族協和というのは、決して日陰者の集まりではないんですね。

森巣　そりゃそうですよ。

姜　しかも、彼ら彼女らは、収奪構造の継続が資本のためにならないことを、はっきりと認識している。結局、資本側が譲歩することによってしか、資本が成り立たない。そのことがわかっている人が中心にいるんですね。そういう意味では、帝国を補完するシステムを、内側から壊しかねない側面もあると思うんです。帝国は、意外ともろいのかもしれませんね。

森巣　糸一本引くと崩れるっていう可能性があるのかもしれません。ただ、どこの糸を引くかだ。何千万本とあるんですよ、きっと。そこから、どうやって、中心の糸を見つけることができるか。

姜　ローマのような古代帝国であれば、テロが帝国の中心に入り込むということはなかなか難しかったですね。でも、今はそれさえ可能ですからね。

森巣　結局、こういうことです。共同体が想像の産物であるということは、誰もが認めている。それならば、多数者だけではなく、少数者も住みやすい共同体になるように、次々と、新しい想像を繰り返す必要があるんじゃないかと。

姜　そうですね。

森巣　イマジンド・コミュニティを認めておきながら、存在しなかった古き良き時代に焦点を絞って、それを頑固に守りつづけるというのは、絶対おかしいと思うわけですよ。一回、イマジン（想像）したものであったら、絶対、より良い未来のためにリ
イマジン（再想像）しつづけることは可能である。つまり、想像しつづけることが、多数者、少数者にかかわらず、住みやすい社会の構築を実現する手立てじゃないかなというのが、私の結論。もう言ったからね、

これ、結論なの。後はもう何も出ないの！（笑）。

姜　リイマジンド・フォーエバー。

森巣　そうそう。巨人軍は消滅しても、再想像は永遠です（笑）。でも、納得でしょう。

姜　うん、そうですね。

森巣　右も左も共同体のフィクション性を認めるのなら、再想像を続ける責任と義務があると思うのです。

姜　つまり、民族を消去することによって、二つの道ができるんですね。一つは、帝国に包摂されるベクトル。しかし、もう一つの無族協和は、帝国をも内側から突き破るかもしれない。博さんの息子さんのように、グローバル金融の中心にいるような人が、反グローバリズムにアンガージュ（参加）できるとしたら、この無族協和というのは、もっと広がりを持ちうるはずです。

森巣　そうですね。

姜　もしも現在、ハートとネグリが言うように、帝国的な権力のネットワークが世界を包摂しているとしても、それは、民族や人種、ジェンダーやセクシャリティなど、多様な差異をグローバル経済の活力のために積極的に動員しつつ、しかしそうした差異が政治的な対立として噴出してくるのをあらかじめ管理する、柔軟で境界を自由に移動できるような権力のネットワークです。今、金融市場で働いてる人の中には、少数者の方が結構いるでしょう。それもそうした帝国的なシステムの新しい特徴でしょうね。

森巣　ああ、それは多いでしょう。ヘッジファンドの頭脳なんていうのは、ほとんどが少数者です。ジョージ・ソロス(2)とか。

姜　彼はユダヤ系ですね。

森巣　それも、ハンガリーかどこかの出身です。

姜　日本では、孫正義なんかがいるけど、現在のグローバリズムにおいては、少数者がかなり中心に近づけるシステムになってるわけです。そこでは、民族の違いは問われない。

森巣　まったく関係ありません。優勝劣敗です。人種も民族も宗教も文化も国籍も問われない。

姜　そうすると、民族のちんぽこが、大きい、小さい、かたい、やわらかい、古い、新しいの議論とはまったく別に、そこから離れていくとき、コスモポリタン・エリートをつくりだす面もあるわけです。

森巣　もちろんあります。

姜　これは、まさに、ハートとネグリの『帝国』が指摘しているとおりだと思うんですよ。ウォール街に世界のマネーが流れ込み、その流れに乗りながら、同時に内側から反対していけるような、博さんの息子さんのような人たちの登場。

森巣　やっぱり、民族という幻想は壊れるな。

姜　壊れる可能性もあるかもしれない。僕は、すごく、無境界化するんじゃないかと思っている。そして、外部がなくなるということは、すべてが帝国の中に包摂されるということですよね。

森巣　そういうことです。

姜　包摂されるけども、同時に、差別構造もつくられていく。

森巣　差別構造の変容、か。

姜　もしかして、日本は、そういう点では、帝国になりえない国なのかもしれません。ここまで自分のちんぽこにこだわっているのではね。その点では、いつまでもアメリカの後塵を拝している。つまり、少数民族でもどこの誰でもいいから、資本やマーケットに役に立つものは、全部吸収するという姿勢がないわけです。

森巣　そうすると、残るものは天皇制。

▼天皇制の国際化

姜　僕は、一六歳のときに初めて指紋押捺をしたんです。その後に、外国人登録証を見ながら、あれっ、これ何だろうと思った。というのも、外国人登録証に何か模様が付いているんです。あとで調べてみたら、それは桐の紋章だった。一方、日本のパスポートの紋章は菊ですよね。菊は天皇家の紋章で、桐は豊臣秀吉に下賜された紋章なんです。本当かどうかはわからないけど、ある人に訊いたら、皇居の正門は菊で、裏門が桐なんだそうです。また、農水省に勤めている専門職の人に聞いたら、農水省の書類に付されている印は、内側で処理するものに関しては桐、海外など表に提出するものには菊が使われている。つまり、菊は表で、桐は——。

森巣　ネガの世界。冗談みたいな話だ。

姜　天皇制というのは、やはり、こうした微細なものの集積によって、万世一系というイマジンを守りつづけているんですね。そして、単一民族という想像の共同体を支えつづけている。ところが、博さんが「打たれ越し」で書いているように、ヨーロッパの王家には、本来、民族はないんですよね。

森巣　ヨーロッパ王家は、その性質上、国民国家の原理をもともと越えているんですよ。ハプスブルク家も、メディチ家も、ブルボン家も、ウインザー家も、国民国家の原理ではなく、それこそ、支配者の原理で、国際結婚を繰り返していたわけですから。

姜　王家が一番、インターナショナルだったわけですね。

森巣　だいたい現在の英国元首エリザベス二世女王陛下のウインザー家などといったものは、つい最近にできあがったものです。そんなことはない、一八世紀のジョージ一世からの直系ではないか、と反論されそうだから、付け加えます。

その反論は正しくて、現在のエリザベス二世女王陛下は、確かにドイツから引っ張ってきたジョージ一世の直系に当たります。

しかし、ウインザー家（ハウス・オブ・ウインザー）などといったものが成立したのは、二

○世紀に入ってからでした。それまでの家名は、サックス＝コバーグ＝ゴータ家。
ところがこの家名では、人類史上最初の総力戦となった第一次世界大戦を戦えなかった。
「ドイツを憎め。ドイツ人を殺せ」
と上から国民に号令を掛けても、国王がドイツ名を持っていては、国民はバカバカしくてやってられない。
それである日突然、英国国王の家名は、サックス＝コバーグ＝ゴータ家からウインザー家に変更されました。ウソみたいなホントの話。
ヨーロッパ王家あるいは貴族という連中は、実質的に国民の概念を越えています。例えば、イギリスの王位継承者を優先順位順に消していけば、三十数人で、現ノルウェー国王がイギリス国王になるんです。

姜　皇室典範《こうしつてんぱん》(3)を国際化することによって、天皇家が国際的ネットワークに乗れる可能性もあるかもしれない。

森巣　あまりないと思うけどな（笑）。

姜　でも、皇室典範を変えれば、外国人が天皇になるという可能性だって、ゼロではない。もちろん、そんなことはありえないでしょうが。

森巣　そもそも天皇に戸籍はないでしょう？（笑）。

姜　ないですね（笑）。ただ、ここで思うのは、天皇制があるから、日本がアメリカのような国家に脱皮できないという制約があるわけですね。一方では、これを後生大事に守っていかないと日本のアイデンティティが維持できないという思い込みが強い。しかし、天皇制は、「日本人」という虚構としてのエスニックな集団に「固有の」伝統と制度とみなされているわけだから、どうしてもその境界を越えた異質な人々のアイデンティティとの共存に対応できないわけです。

森巣　近代のフィクションなのに、古き良き伝統（笑）。

姜　実際は、ジェンダーを壊すところまでは行きそうですよね。今のままだと、女帝を認めざるをえなくなりそうだし。でも、民族概念の問題は、越えられないと思います。天皇制の国際化が成り立つならば、コリアン系の人間が天皇位につくことはあるのか。第一、祖先はそうだと言われているんだから、もう一回、伝統に戻って（笑）。

森巣　そうですね。でも、二〇〇一年の暮れに、祖先の一部は朝鮮から来てると天皇自身が発言したでしょう。

姜　認めた。「桓武天皇の母は百済《くだら》系です。だから、朝鮮に対して親しみを覚えます」と。ところが、日本では、かなり小さな扱いの報道でした。

森巣　本当ですか（呆然）。英語圏メディアでは、大きく報道されましたよ。

姜　韓国では、かなり大きく報道されたけど、日本では、あまり報道されなかったんですよ。

森巣　まだそんな言論統制を敷いているのですか。だから、一刻も早く天皇陵を掘り起こしたほうがいいんだな。
研究者たちは、右も左も掘り起こしたい、と希望している。どこかで網野善彦さんが書いていたけれど、これにかかわる皇族側の発言は高松宮だけで、彼も掘るべきだと主張していた。だけど、掘れない。なぜか宮内庁が強力に反対しているからです。宮内庁は、いったい何を恐れているのでしょうか。

姜 戦前の国体護持にもう一回戻したいなら、国際天皇制を認めなきゃいけない。それは、一応、民族を越えることにはなるわけですね。そうすれば、名実ともに日本がアメリカのような「帝国」になり得るかもしれない。

森巣 言語の問題はありますけどね。

姜 とにかく、天皇制を、純潔単一民族アイデンティティにしている限りは、グローバル資本の論理にも乗り遅れるんじゃないかな。

森巣 いや、もう乗り遅れてるわけでして。

姜 そうですね。今までのように、国民国家の中で自立的に物を生産して、分業体制が成り立っているようなエコノミーの時代であれば、スキャッパニズムのような日米談合が一番よかったんでしょうね。でも、ここまで経済構造が空洞化して、海外にどんどん出て行かなきゃならない時代になり、ＩＴ技術者も外側からどんどん入れなきゃならないとなると、それももう限界でしょうね。

▼終わりに――記憶による歴史の抹殺

姜　博さんとは知り合って何年にもなるけど、こうやってかなり突っ込んだ話ができて嬉しかった。なにか、目からウロコが落ちたような気もします。これから、博さんのような人が、もっと増えてくるんじゃないかなあ。民族概念なんかから、まったく自由でいられるような人が。

森巣　ただね、姜さんもおっしゃっていたけれど、私の場合、きれいに切りすぎちゃうんです。私自身はそれでラクになっていいのかもしれないけど、これじゃあ、収まらない部分もあるわけでしょう。

姜　そうですね。それについての思いについても、ずいぶんお話ししました。

森巣　姜さんだけじゃなくて、多くの人たちにも、複雑な思いがあると思うんですよ。そこらへんを、ちょっとうかがいたいな、と。

姜　昨日も、東京大学の学部の三年生で、在日四世の学生と話をしてたんです。それで、意外だったのが、在日二世の僕たちのときと比べて、時代が経過した分、民族的差別みたいなものはずいぶんなくなってるんですけど、差異についての意識が、再生産されているんですよ。周りだけではなく、なぜか自分も、そのことを意識せざるをえないという、変な自覚ですね。これには、やっぱり記憶の問題があると思うんですよ。かつてのような、直接的な差別を受けたりすることがなくなればなくなるほど、本人がそれを意識してしまう。

森巣　なるほど。

姜　それで、何年か前に、神戸で講演をやったときに、森巣さんと同じぐらいデカい人が、僕に質問があるといって、バッと目の前に来たんですよ。ちょっとヤバイと思って、やられるのかなと思ったら、自分は在日二世なんです、それで、今日の先生の話は国際政治だからよくわからんかったけども、自分には今、娘がいるんだと言うんです。もう、成人に達するころなんだけど、彼女は自分の本名を知らないと言うんです。

森巣　娘さん自身、本当に知らないんですか。

姜　知らないわけ。親が通名で学校にやらせてるから。だから、親としてそれを言わなければならないんだけど、どうしてもそれができないんだと。

森巣　でもさ、戸籍謄本《とうほん》とか、そういうのが必要な機会はいっぱいあったわけでしょう。

姜　ただ、最近はね、高校入試でも戸籍まで問わないところもありますよ。現住所だけで済むんです。でも、就職とか、海外に出るときとかは、必要でしょうね。

森巣　パスポートね。

姜　だから、通名だけでは乗り切れなくなってきたので、どうしたらいいかっていう話だったんですね。それと同じようなケースですが、仙台で講演会をやったときのこと。その帰りがけに、僕と同じくらいの年齢の男性から、ちょっと声を掛けられたんです。彼も、在日二世でした。そして、やはり、在日であることを通名で隠していた。当時は、北朝鮮の核疑惑が出てきたときだったのですが、彼は、僕に向かって、自分はふがいないと言うんです。詳しく聞いてみると、彼が経営している会社の女性従業員が、「まったく、朝鮮人って嫌ね。あんなふうに日本の周りでウロウロしやがって」っていうようなことを、自分の周りで言うんだ、と。「ねえ、社長さん」って言われたときに、自分は、顔を歪めながらね、苦笑いしながら相槌を打ってたというわけです。

社会的にみれば、彼は、れっきとした社長さんなわけだから、高い地位にあるわけですよね。だけど、自分が在日であるという意識に、苦しめられている。だから、意外と、プリミティブなものが、形を変えて出てるんじゃないかな。記憶の問題というのは、大きいんですね。で、そういう出来事の存在を、在日三世、四世の人が、不意に聞くことがある。そうすると、なにか、隔世遺伝的な記憶が、後続の世代に伝承されてしまう。

森巣　「集合的記憶」という概念を一番最初に言いだしたピエール・ノラ(4)が、歴史による記憶の抹殺ということを言ってるんです。それに対して、ある人が、歴史による記憶の抹殺じゃなくて、記憶による歴史の抹殺もあるんだと言った。

姜　それは、テッサ・モーリス＝スズキです。賛成ですね。僕は、記憶と歴史の関係を、遠近法の絵画のように捉えているんです。遠近法には、消失点というのがあるでしょう。画布の中のある一点を中心に、その作品の構図は決定されていくわけです。そして、ある記憶が、眼前にドッカーンと提示されると、ほかのものは遠景にかすんでしまう。

森巣　まさに、記憶による歴史の抹殺なんでしょうね。

姜　結局、隔世遺伝的な記憶のほうが、歴史的な事実関係よりも、はるかに強い物語性を持ってるんです。だから、まずは、歴史についてのきちんとした認識を持つこと。そうすることによって、民族概念に絡んだこうした問題は、かなりのところまで解決されるんじゃないかと思うんです。そのためには、博さんのおっしゃった、無族協和という視点が、一つの突破口になるかもしれません。

森巣　無族協和というものを定点にすることが、一つの解決の糸口であるように希望していま す。無族協和の視点から、近代の歴史を批判的に解体し検証していく。無族協和の視点から、国民国家の終焉を凝視する。無族協和の視点から、現在のグローバリズムの問題を検証していく。そして、無族協和の視点を持って、少数者も多数者も住みやすいリイマジンド・コミュニティを構築していく。無族協和の視点で、自由な人生を生き抜く。

姜　なんて便利な言葉だろう（笑）。

森巣　第一部で話し合ったナショナリズムについて、ちょっと付け加えたいと思います。

この十月（二〇〇二年）に『無境界家族』が、集英社で文庫化されます。その解説を書評家の永江朗さんが書いて下さったのですが、その中に大変うまいアナロジーがあったので、紹介したいのです。

国境なんてものは、地球上に勝手に引かれた線である。たまたま白組に編入されたからといって、そりゃ、運動会（オリンピック、サッカー・ワールドカップ等）では、「フレー、フレー、シッロッグッミッ」とはやるけど、白組のために死ねとか殺せとか言われても、ちょっとなあ、と。

というわけで、「東大教授、豪州博奕打ちに会いに行く」、「豪州博奕打ち、東大教授に会いに行く」、の「酒池清談」は、これにて大団円！　姜さん、今度は、本当の本当に、仕事抜きでオーストラリアに遊びに来てください。一〇月になると、鯨ウォッチングができますからね。集英社から、五〇〇万円くらいの経費を引っ張っておきます。

姜　……信用できない（笑）。

あとがき

対談は、ふたつの異なった個性のぶつかり合いだった。出自も、生まれ育った環境も、そして人生の軌跡も対照的なふたりの「対話」は、それぞれの違いを触媒にして新しい自分を探していくスリリングなドラマだったように思う。少なくとも私にとってはそうである。

それにしても、奇しくもふたりは、ほぼ同じ頃にその人生の転機を迎え、しかも同じヨーロッパでそれを体験したのである。それは七〇年代の終わりから八〇年代はじめのドイツとイギリスでの体験だった。この時期は、巨視的にみれば、戦後世界が大きな変動を迎え、私の言葉で言えば、「後期戦後」(late-postwar)の時代へと移り変わっていく転換期に対応している。イラン革命と韓国での朴独裁政権の崩壊、中国での社会主義市場経済への転換、さらにサッチャリズムとレーガノミックスの登場など、東西対立の構図が崩れる兆しがあらわれ、そしてケインズ主義[1]的な福祉国家の限界が明らかになり、新自由主義的な市場経済とニューライト[2]的なイデオロギーが浮上し、さらに原理主義的な宗教の復活が顕在化しようとしていたのである。

ちょうどこの頃、森巣氏の家族は、英国の新保守主義的な空気を嫌ってオーストラリアに移り住むことになった。それは、「無境界家族」にとってそれこそ「新天地」であったに違いない。

私はといえば、将来の見通しもわからないまま、ドイツでの留学をはじめることになったのである。それは、ある意味では日本からの「エクソダス」(国外脱出)であった。その顚末《てんまつ》については本文で述べた通りである。いずれにしても、森巣氏と私はほぼ同じような頃に、一方はヨーロッパを離れ、他方はヨーロッパに移動する体験を通じて、民族や国家の桎梏《しっこく》のようなものからの解放感を味わっていたのではないかと思う。

ただ対談を通じてあらためて気づいたのは、その解放感の質の違いである。つまり、森巣氏の場合には、民族やナショナリズムの「過剰」からの解放感が脈打っていたとすれば、私の場合にはもっと屈折していたように思う。つまり、民族の「欠乏感」によって引き起こされるアイデンティティの手ごたえのなさについての悩みからの解放だったのである。

今ではナショナリズムに関する古典となった『想像の共同体』のなかでベネディクト・アンダーソンはナショナリズムを「社会小児病」と呼んだが、それにならって「民族という病」という言い方があるとすれば、私はある意味で、一度はその病に心身とも冒される体験をしてみたいとすら願ったことがあったのだ。だが日本で生まれ、育った在日二世の私は、どんなに背伸びしても朝鮮民族のナショナリズムを身体化することはできなかった。もちろん、「日本人」になることには絶えざる葛藤がともなっていた。学生時代のはじめまで日本名によって自らのアイデンティティを表していたにもかかわらず、その内心の忸怩《じくじ》たる思いを捨て去ることができなかったのだ。

どうしてそうだったのか、私はずっと考えつづけてきたように思う。恐らくそれは、私が共に過ごした在日一世たちとの記憶によって生かされているからに違いない。あえて言えば、私にとってそうした一世たちとのきずなの記憶が、民族についての心象風景となっているのである。しかもそれは、郷愁に満ちたほのかな記憶だけではない。そこには、深い悲哀が漂っているように思える。それは、無力感にともなう悲哀の感情である。「俺の民族は、こんなもんだ。俺の人生もこんなもんだ。しかし俺は……」。時おり、突き上げるような悲しみのなかで言葉をつまらせていた私の愛する一世は、身寄りもなくただ孤独のうちに息を引き取った。葬儀の時、私ははじめてその一世の「本名」が「李相壽」（リ・サンス）であったことを知った。二十数年にわたって私を育み、見守ってくれた第二の父親ともいうべき一世の「民族名」を知らずに過ごしてきたのである。ただ「おじさん」と呼び、せいぜい「岩本正男」という「日本名」だけを知っていた私は、不覚を愧《は》じ、慟哭した。民族を語ることなど一度もなかった父が、せめて亡くなった時には「民族の名前」で葬儀をあげてやりたいと願ったと聞き、彼らの悲哀の深さを思い知ったのである。もうこれらの一世は今はいない。だが彼らの悲哀の混じった記憶は私のなかに生き続けている。時には生々しいほどの新鮮さをともなって。

　本書での対話を通じて明らかになったように、「民族という病」ほど厄介なものはないのかもしれない。しかし、その病の恐ろしさをわかりながらも、民族に身を焦がす思いを断ちがたいのは、無力感にともなう悲哀の深さによるものであろう。この限りで私はまだ「民族という病」に冒されているのかもしれない。それでも本書の対話を通じて私は、「民族という病」の深さと困難にあらためて気づかされ、それにたじろがずに向き合うことが、われわれの時代の避けられない課題であることを痛感した次第である。読者にそのことをどこまでわかってもらえるのか、不安がないわけではないが、わが身をさらけ出した対話を通じて、その意図は充分実現されたのではないかと思う。

在日で、しかも大学に身をおく私と、在オーストラリアで「無頼派」的な作家兼賭博師の森巣氏との「異色の」組み合わせが、果たしてどんな結末をむかえることになるのか、ふたりとも実はあらかじめ確信をもっていたわけではない。しかし対話が進むうちにふたりの間には、思いの丈を語りえたという充足感のようなものがわいていた。私個人について言えば、民族についての両義的なこだわりをありのままに受け止められるようになっていたのである。それはこれまで経験したことのないような稀有な体験であった。その意味で対話は何よりも私の中に変化をもたらしてくれたのである。

最後に付け加えたい。集英社新書編集部の落合勝人氏のご尽力がなければ、この企画は到底日の目をみることはなかったはずである。対話の整理から基礎的なカテゴリーの検索にいたるまで、落合氏には多大のお世話になった。あらためてお礼を述べておきたい。

姜尚中

人物・用語解説

▼手紙

（1）九・一一　二〇〇一年の九月一一日、NYやワシントンなど、超大国アメリカの政治経済の中枢を襲った同時多発テロ。実行犯は、オサマ・ビンラディンを首謀者とするアルカイーダなどの、イスラム原理主義者と見なされる。その後の、アフガニスタンへの米軍攻撃・タリバーン政権の崩壊・米国の安全保障政策の根本的な転換（テロとの戦争では先制攻撃も辞さない）などを考慮すると、冷戦崩壊後の湾岸戦争によって浮上しつつあった、米国の単独主義的な一極支配の始まりという、シンボリックな出来事として記録されるかもしれない。

（2）キャロル・グラック　Carol Gluck　一九四一年、アメリカ生。コロンビア大学教授・前アメリカ・アジア学会会長。歴史学。著書 Japan's Modern Myths: Ideology in the Late Meiji Period ほか。

（3）和田春樹　一九三八年、大阪府生。東京大学名誉教授。ロシア史・ソ連史・韓国問題・北朝鮮現代史。著書『朝鮮戦争全史』ほか。

▼序章

（1）吉見俊哉　一九五七年、東京都生。東京大学社会情報研究所教授。社会学・文化研究。著書『カルチュラル・スタディーズ』ほか。

（2）石原慎太郎　一九三二年、兵庫県生。作家・政治家。五五年、『太陽の季節』でデビュー。六八年、参院選全国区に無所属で当選。後に自民党に入党し、九五年まで衆院に八選。九九年、東京都知事に就任。

（3）サイード　Edward W. Said　一九三五年、西エルサレム生。コロンビア大学教授。文芸評論家・思想家。七八年、『オリエンタリズム』刊行。西欧人たちは常に「西洋」以外の世界を「東洋」とひとくくりにして、自分たちが二項対立構造の上位に立つような言説を作り出してきたと分析。ポストコロニアル理論の道を拓いた。

（4）宮崎学　一九四五年、京都府生。作家。著書『突破者』ほか。

（5）**ルペン**　Jean-Marie Le Pen　一九二八年、フランス生。七二年、フランス国民戦線（ＦＮ）を結成し党首に就任。二〇〇二年、大統領決選投票に進出するが、現職のシラク大統領に敗れる。

（6）**ハイダー**　Jörg Haider　一九五〇年、オーストリア生。元オーストリア自由党党首。

（7）**有事法制**　現行の憲法や法律では明確な規定がない、外国からの攻撃など、有事に際しての措置に関する法制。自衛隊の行動に関する法制、米軍の行動に関する法制、国民の生命・財産などの保護に関する法制など。

（8）**小林よしのり**　一九五三年、福岡県生。漫画家。「新しい歴史教科書をつくる会」元理事待遇。著書『ゴーマニズム宣言』シリーズほか。

（9）**西尾幹二**　一九三五年、東京都生。電気通信大学名誉教授。ドイツ文学者・評論家。「新しい歴史教科書をつくる会」名誉会長。著書『国民の歴史』ほか。

（10）**新しい歴史教科書をつくる会**　一九九七年に会長・西尾幹二、副会長・高橋史朗、理事・坂本多加雄、西部邁、藤岡信勝ほかで発足。戦後教育の歴史観を自虐史観と徹底批判。独自の歴史教科書づくりをめざす。二〇〇一年四月、「つくる会」の中学校歴史教科書が検定を通過。中国・韓国などの反発を呼んだ。

（11）**加藤典洋**　一九四八年、山形県生。明治学院大学教授。文芸評論家。八五年、『アメリカの影』でデビュー。著書『言語表現法講義』ほか。

（12）**『敗戦後論』**　文芸評論家・加藤典洋の主著。一九九七年刊行。戦後の思想空間をラディカルに解体することを目指した本書は、発売後に大反響を呼んだ。

（13）**ルース・ベネディクト**　Ruth F. Benedict　一八八七年、アメリカ生。文化人類学者。一九四三から四六年、情報局に勤務。四六年、『菊と刀』を刊行。四八年没。

（14）**和辻哲郎**　一八八九年、兵庫県生。哲学者・倫理学者。日本で初めて、キルケゴール、ニーチェの研究書を刊行。著書『風土』ほか。一九六〇年没。

▼第一章

（1）グラムシ　Antonio Gramsci　一八九一年、イタリア生。マルクス主義哲学者。イタリア共産党書記長に在任中の一九二六年、ファシスト政府に逮捕され、二〇年の監禁という判決を受ける。三七年、釈放直後に病死。多くの断片からなる遺稿は『獄中ノート』と呼ばれ、第二次大戦後の社会思想・理論に多大な影響を与える。

（2）ヘゲモニー　hegemonie　ドイツ語で指導権、または覇権といった意味。むき出しの暴力によるものと違い、支配される側が支配する側の優越性を何らかの形で同意・承認しているような支配形態。この概念は、七〇年代頃から社会科学の様々な領域で語られるようになった。とくに、グラムシが指摘しているように、階級的な支配を、道徳的・政治的・文化的な合意の調達によって正当化する場合に使われようになった。同時に、これとは違ったコンテクストで、国際システムにおける覇権国家の支配を説明する場合にも使用されている。

（3）松浦寿輝　一九五四年、東京都生。東京大学大学院教授。小説家・詩人・映画評論家。二〇〇〇年、『花腐し』で芥川賞受賞。

（4）水戸学　江戸時代に水戸藩で興隆した学派。儒学・国学・神道を融合。徳川光圀の『大日本史』編纂期の水戸学を前期水戸学という。これに対して、一八世紀後半、藤田幽谷に始まり、息子の藤田東湖と弟子の会沢正志斎によって確立された後期水戸学は、尊王攘夷論や国体論によって藩外に大きな影響を与えた。

（5）丸山真男　一九一四年、大阪府生。政治学者・政治思想史家。第二次大戦後の民主主義思想を主導した、戦後日本の代表的知識人。著書『日本政治思想史研究』ほか。九六年没。

（6）本居宣長　一七三〇年、伊勢松坂生。江戸中期の国学者。賀茂真淵に入門して古道研究を志し、大著『古事記伝』を完成させた。一八〇一年没。

（7）ベネディクト・アンダーソン　Benedict Anderson　一九三六年、中国雲南省昆明生。コーネル大学教授。政治学者。東南アジア研究。著書『想像の共同体―ナショナリズムの起源と流行』ほか。

（8）モジュール　module　規格化され独自の機能をもつ交換可能な構成要素（『想像の共同体―ナショナリズムの起源と流行』より）。一度、人為的につくられてしまったナショナル・アイデンティティは、モジュールとして、きわめて多様な社会的土壌に簡単に移植されてしまうようになる。

（9）**天皇機関説**　一木喜徳と美濃部達吉が唱えた明治憲法の解釈。国家の統治権は天皇ではなく、国家そのものに属し、天皇はその最高機関である、とする学説。天皇主権説の上杉慎吉らの激しい反発を呼んだ。

（10）**国体明徴問題**　一九三五年、第六七議会で天皇機関説がとりあげられ、反国体的と攻撃された。岡田啓介内閣は、同年四月九日、『憲法撮要』などの美濃部達吉の三著書を発売禁止処分とした。さらに、八月三日と一〇月一五日の二度にわたって国体明徴声明を発表。天皇機関説の排除を決定。

（11）**詔書**　大日本帝国憲法では、皇室の大事や天皇の大権の施行に関する勅旨（天皇の意思）を、一般向けに宣布する文書のこと。日本国憲法では、大権等の事項はなく、その範囲も天皇の国事行為に限られる。

（12）**南原繁**　一八八九年、香川県生。政治学者。対日講和条約問題で吉田茂首相と対立し、全面講和を主張。著書『国家と宗教』ほか。一九七四年没。

（13）**江藤淳**　一九三三年、東京都生。文芸評論家。五六年、『夏目漱石』でデビュー。戦後日本の、保守派の代表的知識人。著書『成熟と喪失』ほか。九九年、自殺。

（14）**ジョン・ダワー**　John W. Dower　一九三八年、アメリカ生。マサチューセッツ工科大学教授。歴史学。アメリカにおける日本占領研究の第一人者。著書『敗北を抱きしめて』ほか。

（15）**山之内靖**　一九三三年、東京都生。フェリス女学院大学教授。経済学者。著書『現代社会の歴史的位相』ほか。

（16）**八紘一宇**　世界を一つの家にすること。太平洋戦争期、日本の海外侵略を正当化するために用いられた標語。『日本書紀』の記述「兼六合以開都、掩八紘而為宇」に由来する。

（17）**講座派マルクス主義**　一九三〇年代に行われた論争の際、日本の資本主義には封建制が温存されている、と指摘した学派。『日本資本主義発達史講座』の刊行にちなんでつけられた。

（18）**ネオ・リベラリズム**　neoliberalism　一九八〇年代、イギリスやアメリカでニューライトの台頭と結びついた理論や理念の集積のこと。主に、市場のことを、社会・経済・政治的な生活の組織化にとって、もっとも中心的で望ましい場と見なす考え方。ネオ（新）という言葉が付加されていることからも明らかなように、一八世紀、および一九世紀初頭の自由主義に関する、特定の解釈と結びついている。ただし、ニューライトの立場やネオ・リベラルな思考は、実際には、アダム・スミスが『国富論』で展開したことから事実上袂を分かっている。

（19）**太田昌国**　一九四三年、北海道生。「現代企画室」編集長。著書『日本ナショナリズム解体新書』ほか。

（20）**六〇年安保**　日米安全保障条約改定の反対闘争で、一九五九年から六〇年にかけて全国的規模で展開されたが、結局、条約は改定された。七〇年にも条約の延長をめぐって反対運動が激化した（七〇年安保）。

（21）**文化大革命（文革）**　一九六六年に始まる中国の政治・思想・文化闘争。主導者の毛沢東や林彪らが、党や行政機関の実権を国家主席・劉少奇らから奪った。その極左的傾向が数々の弊害を生む。毛沢東の死後、華国鋒が、江青ら四人組を文革の責任者として逮捕し、七七年に終了が宣言された。

（22）**ニューエコノミー**　new economy　情報技術革命（ＩＴ革命）によって誕生した、まったく新しい経済体制を総称する言葉。主にクリントン政権下、金融・証券・情報産業などの活性化でアメリカの名目成長率が飛躍的に高まった時期の経済システムを指す場合に使われるようになった。

（23）**スーザン・ストレンジ**　Susan Strange　一九二三年生。イギリスの国際政治経済学者。著書 Casino Capitalism ほか。九八年没。

（24）**藤岡信勝**　一九四三年、北海道生。東京大学大学院教授。教授学・社会科教育。「新しい歴史教科書をつくる会」副会長。著書『教科書が教えない歴史』ほか。

（25）**坂本多加雄**　一九五〇年、愛知県生。学習院大学教授。日本政治思想史。「新しい歴史教科書をつくる会」理事。著書『象徴天皇制度と日本の来歴』ほか。

（26）**渡部昇一**　一九三〇年、山形県生。上智大学名誉教授。英語学者・文明評論家。著書『腐敗の時代』ほか。

（27）**西部邁**　一九三九年、北海道生。言論誌「発言者」主幹。「新しい歴史教科書をつくる会」元理事。著書『国民の道徳』ほか。

（28）**三島由紀夫**　一九二五年、東京都生。作家。四四年『花ざかりの森』でデビュー。四九年、『仮面の告白』の刊行で注目され、以来、戦後文学の最重要作家の一人と見なされる。六八年、楯の会結成。七〇年、楯の会会員と自衛隊市ヶ谷駐屯地に侵入。総決起をうながしたが果たせず、割腹自殺。著書『豊饒の海』四部作ほか。
(29) **五箇条の御誓文**　一八六八年三月一四日、明治天皇が宣布した、維新政府の五箇条の基本政策。
(30) **司馬遼太郎**　一九二三年、大阪府生。歴史小説家。司馬史観と呼ばれる独自の歴史観で有名。著書『街道をゆく』ほか。九六年没。
(31) **オイルショック**　oil shock　一九七三年、第四次中東戦争の際、アメリカやオランダなどがイスラエルを支持すると、アラブ産油国は対抗策として原油の減産や値上げを行い、世界経済に大きな影響を及ぼした（第一次）。七八〜七九年、ホメイニ師らを指導者としてイラン革命が勃発すると、原油価格が再び急騰（第二次）。
(32) **二一世紀日本の構想**　一九九九年三月に発足した、故小渕恵三首相の私的諮問機関。戦後日本の成長を支えた政策コンセプトに代わる新しいモデルを、民間の有識者に求めた。
(33) **ハリー・ハルトゥーニアン**　Harry D. Harootunian　一九二九年、アメリカ生。シカゴ大学教授。日本近代文化史。著書『Toward Restoration』ほか。
(34) **ノーマ・フィールド**　Norma Field　一九四七年、東京都生。シカゴ大学教授。近現代日本史（文化論）。著書『天皇の逝く国で』ほか。
(35) **酒井直樹**　一九四六年、神奈川県生。コーネル大学教授。日本文化史・文化理論・比較思想史・文学理論。著書『過去の声―一八世紀日本の言説における言語の地位』ほか。
(36) **テッサ・モーリス＝スズキ**　Tessa Morris-Suzuki　一九五一年、イギリス生。オーストラリア国立大学教授。オーストラリア・アジア学会会長。日本経済史・思想史。著書『批判的想像力のために』ほか。
(37) **ライシャワー**　Edwin O. Reischauer　一九一〇年、東京都生。元ハーバード大学教授・元アメリカ駐日大使。日本研究。著書『ライシャワーの日本史』ほか。九〇年没。
(38) **ヴォーゲル**　Ezra F. Vogel　一九三〇年、アメリカ生。ハーバード大学教授。日本研究・中国研究。著書『ジャパン・アズ・ナンバーワン』ほか。
(39) **大前研一**　一九四三年、福岡県生。経営コンサルタント・経済評論家。著書『企業参謀』ほか。

(40)アンソニー・ギデンズ　Anthony Giddens　一九三八年生。現代イギリスを代表する社会学者。ケンブリッジ大学教授。マルクス、デュルケーム、ウェーバーなどの古典的な社会学理論を現代的な観点から再解釈した資本主義と近代社会理論で有名になった。ギデンズの理論としては、構造化（structuration）が重要。

(41)カルチュラル・スタディーズ　cultural studies　一九七〇年代、英国バーミンガム大学・現代文化研究センターで、スチュアート・ホールを中心に始まった新しい知の潮流。批判的マルクス主義の成果などを駆使して、文化のあらゆる現場に存在する政治性や権力構造を見つめなおし、日常生活の中での抵抗の論理を模索する運動。正典（権威ある文学作品など）にとらわれず、現代のあらゆる大衆文化の諸相に注目し、批判的に分析する。代表的研究者は、スチュアート・ホールのほか、ポール・ギルロイ、ローレンス・グロスバーグなど。

(42)スチュアート・ホール　Stuart Hall　一九三二年、中産階級の子としてジャマイカに生まれる。ローズ奨学金でイギリスのオックスフォード大学に留学し、英文学を学ぶ。六九年から七九年まで、バーミンガム大学現代文化研究センター所長。批判的マルクス主義の成果を手に、同時代の社会問題や文化現象の現場へ分け入った。

(43)ポール・ギルロイ　Paul Gilroy　一九五六年、イギリス人の父とガイアナ移民の母の子としてイギリスで生まれる。エール大学教授。著書『ブラック・アトランティック』ほか。

(44)構造主義・ポスト構造主義　構造主義は、一九六〇年代にレヴィ＝ストロース、ラカン、アルチュセール、フーコー、バルトらを中心に展開された思想潮流の総称で、「人間」や「主体」に基礎をおいた西欧近代の思考法（マルクス主義や実存主義など）を徹底的に批判した。構造主義の立場では、言語や社会制度内のあらゆる要素は、全体の構造と切り離して考えることはできない。それは、「人間」や「主体」も例外ではない。ポスト構造主義は、構造主義が温存する「客観性」や「合理性」への信仰を批判し、さらにラディカルに西欧近代を乗り越えようとする立場。ドゥルーズ、デリダらが、ポスト構造主義的立場の思想家といわれるが、両者の間に分水嶺をひくことは難しい。あえていえば、ポスト構造主義は、構造主義がなおもとらわれている実体主義的な傾向や、閉じた体系を形成する傾向を批判し、非形而上学的思考の可能性の条件を提示しようとした。

(45)フーコー　Michel Foucault　一九二六年、フランス生。哲学者・思想家。西欧的知に対する徹底的な批判を展開し、サルトル以後のフランス知識人の代表的存在とみなされる。六六年、著書『言葉と物』で、「人間の死」をめぐる論争を巻き起こす。八四年没。

(46) **高木八尺**　一八八九年、東京都生。元東京大学名誉教授。アメリカ研究家。著書『米国政治史序説』ほか。一九八四年没。

(47) **五百旗頭真**　一九四三年、兵庫県生。神戸大学教授。日本政治史・日米関係。著書『米国の日本占領政策―戦後日本の設計図』ほか。

(48) **川勝平太**　一九四八年、京都府生。国際日本文化研究センター教授。比較経済史。著書『富国有徳論』ほか。

(49) **速水融**　一九二九年、東京都生。慶応義塾大学名誉教授・国際日本文化研究センター名誉教授。経済史。著書『近世濃尾地方の人口・経済・社会』ほか。

(50) **上野千鶴子**　一九四八年、富山県生。東京大学大学院教授。社会学者。フェミニズムの立場に立つ代表的評論家。著書『近代家族の成立と終焉』ほか。

(51) **西川長夫**　一九三四年、朝鮮生。立命館大学教授。フランス史。著書『国境の越え方』ほか。

(52) **橋本ドクトリン**　一九九七年一月七〜一四日、橋本龍太郎首相（当時）が、ＡＳＥＡＮ加盟五国を訪問した際、シンガポールでの演説で打ち出した、日本の東南アジア政策の方針。

▼第二章

(1) **ハンソン**　Pauline Hanson　一九五四年、オーストラリア生。政治家。九七年、極右政党・ワンネーション党を創設、党首となる。二〇〇一年、公職選挙法違反で起訴され、現在公判中。

(2) **フォルタイン**　Pim Fortuyn　一九四八年、オランダ生。二〇〇二年、極右政党・フォルタイン党を結成。同年五月六日、過激な動物愛護活動家に銃殺される。

(3) **橋川文三**　一九二二年、長崎県生。元明治大学教授。政治思想学者。丸山真男に師事。著書『日本浪曼派批判序説』ほか。八三年没。

（4）いいだもも　一九二六年、東京都生。作家・評論家。六一年、『斥候よ　夜はなお長きや』でデビュー。著書『マルクスは死せり、マルクス万歳！』ほか。

（5）エリクソン　Erik H. Erikson　一九〇二年、ドイツ生。三三年、渡米。精神分析家・思想家。アイデンティティとライフサイクルの理論を構築。著書『幼児期と社会』ほか。九四年没。

（6）細見和之　一九六二年、兵庫県生。大阪府立大学講師。詩人。著書『アドルノ―非同一性の哲学』ほか。

（7）李恢成　一九三五年、旧樺太生。一九七二年『砧をうつ女』で在日朝鮮人初の芥川賞受賞。九八年、朝鮮国籍から韓国国籍に変更。著書『百年の旅人たち』ほか。

（8）朴正熙　一九一七年、慶尚北道生。六一年、クーデターで政権を掌握。六三年、第三共和国の大統領に就任。以後、一六年近くにわたって大統領職を務める。七二年、「維新憲法」を制定。民主化運動を弾圧。七九年、釜山・馬山闘争（維新体制に対する抵抗運動）の直後、部下の中央情報部（ＫＣＩＡ）部長・金載圭に射殺された。

（9）李承晩　一八七五年生。黄海道出身。一九四八年、大韓民国初代大統領に就任。朝鮮戦争後、米国からの軍事・経済援助を背景に、反共イデオロギーを国内に浸透させた。反対派を弾圧して、多選のため憲法改正を繰り返すが、六〇年、四・一九学生革命でハワイへ亡命。六五年、当地で没。

（10）金芝河　一九四一年、全羅南道生。韓国の詩人。七〇年五月、韓国の月刊総合誌「思想界」に発表した「五賊」で世界に知られ、七二年の「蜚語」で反共法違反により投獄。七四年、民青学連事件で死刑判決。無期懲役に減刑されて釈放されるが「苦行―１９７４」を発表し、七五年に再逮捕。八〇年一二月に仮出獄。

（11）李哲　一九四八年、釜山生。政治家。七四年、民青学連の議長に就任。同年四月、民青学連事件の首謀者として逮捕され、七月に死刑判決。その後、無期に減刑になり、翌年釈放。著書『第五共和国の事件』ほか。

（12）日韓基本条約　一九六五年六月二二日調印、一二月批准。第一条で、外交関係と領事関係の開設を謳い、第二条で、「一九一〇年八月二二日以前に大日本帝国と大韓帝国とのあいだで締結されたすべての条約および協定は無効であることが確認される」と規定。第三条では、韓国が「朝鮮にある唯一の合法的な政府であることが確認される」となっている。これをきっかけに、日韓間の往来が盛んになった。

(13)金鍾泌　一九二六年、忠清南道生。韓国の軍人・政治家。六一年、朴正煕らとともに五・一六クーデターを起こし、KCIA初代部長に就任。金大中拉致事件の処理にもあたるなど、朴政権を支えた。九七年からの金大中政権下では国務総理（首相）も務める。

(14)金嬉老　一九二八年、静岡県生。在日韓国人二世。六八年二月二〇日、借金返済を迫った暴力団員二名を射殺。静岡県寸又峡温泉のふじみ屋旅館に入りこみ、宿泊客ら一六人を人質に籠城。警察が包囲する中、マスコミを前に、日本人による朝鮮人差別を激しく論難した。二月二四日午後、逮捕。

(15)重信房子　一九四五年、東京都生。七一年、ベイルートで日本赤軍を結成。日本赤軍が起こした数々の工作の黒幕といわれる。二〇〇〇年一一月、偽造旅券で日本に入国。大阪市内で、ハーグ事件の容疑で逮捕される。

(16)吉本隆明　一九二四年、東京都生。詩人・文芸評論家・思想家。「戦後思想界の巨人」と呼ばれ、日本の戦後思想に大きな影響を与える。著書『共同幻想論』ほか。

(17)黒田寛一　一九二七年、埼玉県生。哲学者・革命運動家。五七年、日本トロツキスト連盟を創立。同年、革命的共産主義者同盟（革共同）に改称。六〇年安保闘争高揚の原動力となる。六三年、革共同が分裂。革マル派議長に就任。九六年辞任。著書『スターリン主義批判の基礎』ほか。

(18)金日成　一九一二年、平壌生。三一年頃から中国東北地方東部の抗日ゲリラ闘争を指導。四八年、朝鮮民主主義人民共和国の首相・朝鮮労働党委員長に就任。次第に独裁体制を強化し、七二年より国家主席。九四年没。

(19)二〇〇〇年六月南北首脳会談　二〇〇〇年六月一三日、南北分断以来初めて、韓国の金大中大統領が平壌を訪問。北朝鮮（朝鮮民主主義人民共和国）の最高首脳である金正日国防委員長（総書記）とのトップ会談が実現し、両首脳が南北共同宣言に署名した。共同宣言は、自主的な統一の原則や、南北の統一案に共通性のあることの確認、さらに民族経済を発展させ、あらゆる分野での協力と交流を活性化し、相互の信頼を高めるなど、五項目から成り立っている。これらは、一九七二年に朴正煕大統領と金日成主席との間で交わされた七・四南北共同声明と、九二年、盧泰愚大統領と金日成主席時代の二月に発効した南北基本合意書を総括的に確認したものであるが、署名者が南北の最高首脳であるため、格段の重みを持っている。共同宣言では、軍事境界線をまたぐ京義鉄道の開設、南北閣僚級会談の実施、離散家族の対面など、多くの懸案の実現が約束されたが、その後、きわだった進捗は見られなかった。しかし、最近になって鉄道開設の動きが具体化するなど、共同宣言の実効性に向けた歩みが、にわかに活気づきつつある。共同宣言にうたわれているように、金正日総書記の訪韓が実現されるのかどうか、もっとも注目されるところである。

(20) キッシンジャー　Henry Alfred Kissinger　一九二三年、ドイツ生。政治家・国際政治学者。四三年、アメリカに帰化。米中国交回復・ベトナム和平協定・第四次中東戦争収拾等に尽力。七三年、ノーベル平和賞受賞。同年九月から七七年まで国務長官。著書『アメリカの外交政策』ほか。

(21) 金大中　一九二五年、全羅南道生。六〇年代から七〇年代にかけて朴正煕軍事独裁政権に対する民主化運動を展開。七一年、大統領選落選。七三年にＫＣＩＡに拉致される。七六年に民主救国宣言に署名して逮捕。七八年に釈放される。八〇年五月のクーデターで再び逮捕され死刑判決を受けるが、八二年に釈放される。八七年、大統領選落選。九二年、大統領選落選。九八年、四度目の挑戦で大統領に就任。二〇〇〇年六月、金正日総書記との間で南北共同宣言に署名。同年一二月、ノーベル平和賞受賞。

(22) 韓民統（韓国民主回復統一促進国民会議日本本部）　一九七三年に結成。褒東湖や金載華らが中心の在日韓国人団体。日本本部の議長に推されていた金大中の拉致事件後は、金載華が議長代行。金大中救出運動とともに、独立政権反対・在韓米軍撤退・漸進的統一実現などを掲げて運動を展開。七八年、韓国大法院は「反国家団体」と認定。八九年、韓統連（在日韓国民主統一連合）に改編。

(23) 全斗煥　一九三一年生。慶尚南道出身。七九年、朴正煕大統領暗殺事件の捜査を主導する過程で軍内の実権を掌握。八〇年、五・一七クーデターによって第五共和国（八〇〜八七）の大統領に就任。民主化要求を挫折させ、維新体制を実質的に復活させた。金泳三政権時代、一二・一二事件や光州闘争への弾圧に関与した内乱罪で逮捕され、無期懲役判決を受けるが、後に赦免される。

(24) マックス・ウェーバー　Max Weber　一八六四年、ドイツ生。社会学者・経済学者。著書『プロテスタンティズムの倫理と資本主義の精神』ほか。一九二〇年没。

(25) **大塚久雄** 一九〇七年、京都府生。元東京大学名誉教授。西洋経済史学者。マックス・ウェーバーとマルクスの方法を総合した大塚史学を構築。著書『社会科学における人間』ほか。九六年没。

(26) **川島武宜** 一九〇九年、岐阜県生。元東京大学名誉教授。民法・法社会学者。著書『日本社会の家族的構成』ほか。九二年没。

(27) **内田義彦** 一九一三年、愛知県生。元専修大学名誉教授。経済学者・思想家。著書『経済学の生誕』ほか。

(28) **柳田国男** 一八七五年、兵庫県生。民俗学者。東京帝国大学を卒業後、農商務省に勤務。貴族院書記官長を経て、朝日新聞社に入社。勤務のかたわら各地を旅行。一九〇九年、日本最初の民俗誌『後狩詞記』を発表。翌年、『遠野物語』を刊行。以後、半世紀にわたり人文・社会科学の諸分野に巨大な影響をあたえる。六二年没。

(29) **村井紀** 一九四五年、中国天津生。和光大学教授。国文学・思想史。著書『南島イデオロギーの発生』ほか。

(30) **赤坂憲雄** 一九五三年、東京都生。東北芸術工科大学教授・東北文化研究センター所長。民俗学。著書『東北学へ』ほか。

(31) **網野善彦** 一九二八年、山梨県生。歴史学者。日本中世史・日本海民史。非農業民たちの存在に注目し、従来の日本史像を一変させた。著書『日本中世の非農業民と天皇』ほか。

(32) **李良枝** 一九五五年、山梨県生。在日韓国人二世の作家。九歳で日本に帰化。八二年から韓国名で小説を書き始める。八九年、『由熙』で芥川賞受賞。九二年没。

(33) **廣松渉** 一九三三年、福岡県生。マルクス主義哲学者。著書『存在と意味』ほか。九四年没。

(34) **連合赤軍事件** 一九七一年、約三〇名のメンバーで連合赤軍結成。七二年二月一九日から、連合赤軍の兵士五名が、長野県軽井沢町の浅間山荘に人質をとって立てこもった事件。警察隊の死者二名、重軽傷者一三名。その後、彼らが、逃亡の過程で「総括」の名の下、半数近い一四名を集団リンチで殺害したことが判明。

(35) **アルチュセール** Louis Althusser 一九一八年、アルジェリア生。マルクス主義哲学者。イデオロギーの科学的研究への道を開拓し、フーコーなどの後続世代に多大な影響をあたえた。著書『資本論を読む』ほか。八〇年、妻を絞殺、精神病院に入院。九〇年没。

（36）レイモンド・ウィリアムズ　Raymond Williams　一九二一年、イギリス・ウェールズ生。批評家・文学者・社会思想家。カルチュラル・スタディーズの祖ともいわれる。著書『文化と社会』ほか。八八年没。

（37）ディアスポラ　diaspora　もともとはユダヤ人の民族離散状況を意味する言葉だが、現在ではより広い文脈で使用されている。戦争や植民化の歴史や経験に深くむすびついた難民・移民状況のことを示す。

（38）伊藤定良　一九四二年、宮城県生。青山学院大学教授。近現代ドイツ史。著書『異郷と故郷―ドイツ帝国主義とルール・ポーランド人』ほか。

（39）脱構築　déconstruction　デリダ理論のキーワード。デリダは、西欧形而上学を解体するために、形而上学とは無縁のところで思考するのではなく、その内部にあえてもぐりこみ、内側から破壊することをめざした。

（40）デリダ　Jacques Derrida　一九三〇年、アルジェリア生。フランスの哲学者。二〇世紀後半を代表する哲学者の一人。著書『声と現象』ほか。

（41）金石範　一九二五年、大阪府生。在日朝鮮人作家。父母が済州島出身。著書『火山島』ほか。

（42）ダグラス・ラミス　Charles Douglas Lummis　一九三六年、アメリカ生。元津田塾大学教授。日本社会論・西洋政治思想史。著書『ラディカルな日本国憲法』ほか。

▼第三章

（1）想像の共同体　ベネディクト・アンダーソンの主著のタイトル（『想像の共同体―ナショナリズムの起源と流行』）。または、その中で提唱した概念。「国民は一つの共同体として想像される」（前掲書より）。

（2）イージー・ライダー　Easy Rider　一九六九年、アメリカ映画。麻薬密売で稼いだ金を手に、ハーレーで放浪するキャプテン・アメリカとビリーを通して、現代アメリカの悲劇を浮き彫りにしたニューシネマの代表作。

（3）ウッドストック　Woodstock　一九六九年八月一五日から一七日にかけて、ニューヨーク近郊で開催された一大ロック・コンサート。単なる音楽イベントではなく、ヒッピーにつながる精神性を共有していた。

（4）ヒッピー　hippie　既存の価値観や制度を拒絶して、脱社会的立場をとる人々。また、その運動。ひげや長髪、それに奇抜な服装が特徴。一九六〇年代後半、アメリカの学生たちの間に生まれ、世界に広がる。
(5)ジェリー・ルービン　Jerry Rubin　一九三八年、アメリカ生。イッピー運動の活動家。ベトナム反戦活動を主導。著書『DO IT!（やっちまえ―革命のシナリオ）』ほか。九四年、交通事故で没。
(6)ダニエル・ベル　Daniel Bell　一九一九年、ニューヨークのスラム街で生まれる。社会学者。六〇年刊行の『イデオロギーの終焉』が、大きな反響を呼ぶ。著書『脱工業社会の到来』ほか。
(7)マルクーゼ　Herbert Marcuse　一八九八年、ドイツ生。哲学者。ナチスの台頭によってアメリカに亡命。著書『一次元的人間』ほか。七九年没。
(8)赤い旅団　一九七〇年代初期から活動を開始したイタリアの極左テロリスト組織。
(9)バーダー・マインホフ・ギャング　Baader-Meinhof Gang　ドイツ赤軍派（ＲＡＦ）の俗称。二人のリーダー、アンドレアス・バーダーとウルリケ・マインホフの姓を合わせたもの。六〇年代後半から七〇年代半ばにかけて暗躍。
(10)イヤー・オブ・ザ・ガン　Year of the Gun　一九九一年、アメリカ映画。作中の時代は七八年。赤い旅団を追ってイタリアにやってきたジャーナリストと、美貌の女性カメラマンの葛藤を描いた。
(11)ニクソン　Richard M. Nixon　一九一三年、アメリカ生。共和党の政治家。六九年、アメリカ第三七代大統領に就任。七四年、ウォーターゲート事件の責任をとって辞任。九四年没。
(12)アビー・ホフマン　Abbie Hoffman　一九三六年、アメリカ生。六九年、ニューヨークのヒッピーを結集して、青年国際党（イッピー）を創設。ベトナム反戦運動を主導する。八九年、自殺。
(13)小林紀晴　一九六八年、長野県生。写真家。著書『アジアン・ジャパニーズ』ほか。
(14)ネルソン・マンデラ　Nelson R. Mandela　一九一八年、南アフリカ生。政治家。黒人解放運動組織のアフリカ民族会議の非合法活動家として投獄され、二七年間の獄中生活の後、九〇年に釈放。九三年、ノーベル平和賞受賞。九四年、初の全人種による投票で南アフリカ共和国大統領に当選。九九年、大統領職を引退。
(15)キャラハン　James Callaghan　一九一二年、イギリス生。労働党の大物政治家。七六年、首相に就任。

七九年、再選をめざすも、総選挙でサッチャーの保守党に敗れる。

(16) イラン革命　一九七八年、ホメイニ師らを指導者として勃発した革命。翌年、パーレビ王朝が倒れ、イラン―イスラム共和国が成立。第二次オイルショックの引き金になった。

(17) 室生犀星　一八八九年、石川県生。詩人・小説家。著書『愛の詩集』ほか。六二年没。

(18) ファノン　Frantz Fanon　一九二五年、カリブ海フランス領マルチニック島生。精神科医・革命家。フランス国籍を捨てて、FLN(アルジェリア民族解放戦線)に身を投じる。主著『黒い皮膚・白い仮面』で、白人の黒人に対する差別意識の構造を精神医学的に解明。ファノンによると、白人と黒人の両者は、身体的な格差を通じて各々が自己愛的な充足に陥り、一種の共犯関係を結ぶことで差別意識を生み出すのだという。六一年没。

(19) 坂口安吾　一九〇六年、新潟県生。小説家。第二次大戦後、『堕落論』『白痴』などで新文学の旗手として脚光を浴びる。五五年没。

(20) クロポトキン　Pyotr Alekseevich Kropotkin　一八四二年生。ロシアの無政府主義者・地理学者。著書『ある革命家の思い出』ほか。一九二一年没。

(21) カフカ　Franz Kafka　一八八三年、プラハ生。ドイツ語による小説家。実存主義文学の先駆者といわれ、第二次大戦後の文学に大きな影響をあたえた。著書『変身』ほか。一九二四年没。

(22) ニーチェ　Friedrich Wilhelm Nietzsche　一八四四年、ドイツ生。哲学者。ヨーロッパ文化とキリスト教への徹底的な懐疑と批判を出発点とし、神の死を宣告するとともに、永劫回帰による生の肯定の最高形式を説く。二〇世紀の思想に多大な影響をあたえた。一九〇〇年没。

▼第四章

(1) 新井将敬　一九四八年、大阪府生。政治家。八六年、自民党から出馬し衆院選に当選。九八年二月一九日、日興證券に利益供与を要求したとして国会に逮捕許諾請求され、同日自殺。

(2) レヴィ＝ストロース　Claude Lévi-Strauss　一九〇八年、ベルギー生。ほどなくフランスに帰国。構造主義人類学者。三五年、ボロロ族社会をフィールドワーク。四一年、ナチスから逃れアメリカに亡命。翌年、東欧から亡命してきた言語学者ローマン・ヤーコブソンと出会い、構造言語学を学ぶ。四九年、構造主義人類学の生誕を示す記念碑的著作『親族の基本構造』を刊行。著書『野生の思考』ほか。

（3）**ラカン** Jacques M. Lacan　一九〇一年、フランス生。精神分析医。三六年、マリエンバードでの第一四回国際精神分析学会の席上、鏡像段階の理論を発表。六四年、パリ・フロイト派を結成。六六年『エクリ』を刊行。その影響は、精神分析学の領域をはるかに超え、哲学・人類学・文学などの各分野に及ぶ。八一年没。

（4）**バルト** Roland Barthes　一九一五年、フランス生。記号学者・構造主義者・文芸評論家・テクスト理論家・エッセイスト・作家。終生、ジャンル横断的な活動を展開。五七年の『神話作用』刊行で、バルトの名は一躍高まった。八〇年、交通事故が原因で死亡。

（5）**ドゥルーズ** Gilles Deleuze　一九二五年、フランス生。哲学者。六九年、パリ第八大学の教授に就任し、精神分析家で思想家のフェリックス・ガタリと出会い、共同で著作活動に入る。七二年、ガタリとともに大著『アンチ・オイディプス』を刊行。九五年、自宅のアパルトマンから投身自殺。

（6）**福沢諭吉**　一八三四年、豊前中津藩士の子として生まれる。思想家・教育家。緒方洪庵に蘭学を学び、江戸に洋学塾を開く（後の慶応義塾大学）。幕府の使節に随行して、三度、欧米に渡る。八二年、「時事新報」を創刊。著書『学問のすゝめ』ほか。一九〇一年没。

（7）**甲午農民戦争**（**東学党の乱**）　一八九四年（甲午の年）、朝鮮で、東学（一八世紀半ばに起こった民族的宗教）の信徒を主体とした農民たちが一斉に蜂起。日本および清国の侵略や、李氏朝鮮の封建体制に抵抗した。日清両国がその鎮圧を名目として出兵し、日清戦争を誘発した。

（8）**新渡戸稲造**　一八六二年、岩手県生。農政学者・教育者。七七年、札幌農学校でクラークに学ぶ。内村鑑三らとともにキリスト教に入信。アメリカ・ドイツ留学を経て、札幌農学校で教授として農政学を講義。一九〇一年、台湾総督府技師として、同地の糖業改良政策を立案・実施。三三年、カナダで客死。

（9）**アメンドメント** amendment　アメリカにおける憲法改正のあり方。本文には手をつけず、新しい条文を加えていく方法。
（10）中西輝政　一九四七年、大阪府生。京都大学教授。国際政治学。著書『大英帝国衰亡史』ほか。
（11）アマルティア・セン　Amartya Sen　一九三三年、インド生。経済学者・倫理学者。九八年、アジア初のノーベル経済学賞を受賞。著書『不平等の経済学』ほか。
（12）ゾンバルト　Werner Sombart　一八六三年、ドイツ生。経済学者・社会学者。資本主義の性格と起源について考察。著書『近代資本主義』ほか。一九四一年没。
（13）金融派生商品　本来の金融商品（債券や株式など）から派生した金融商品。先物取引・オプション取引・スワップ取引などがあるが、その本質は未来の不確実性から来るリスクそのものを売買することである。インターネットやeメールの普及にともない、様々な金融派生商品が開発された。
（14）アダム・スミス　Adam Smith　一七二三年、スコットランド生。古典派経済学の始祖。個人の利己心を経済発達の原動力とみなし、市場における自由競争を高らかにうたいあげた。アダム・スミスによれば、市場の秩序は「神の見えざる手」によって調整される。著書『国富論』ほか。一七九〇年没。
（15）新古典派経済学　諸個人の合理的な経済活動の分析で、経済現象を説明できると想定する学派。一八七〇年代の登場以来、現代の主流を構成する経済学である。
（16）三韓征伐　神功皇后が、新羅・百済・高句麗の三国を攻略したという半ば伝説化した神話。
（17）近藤重蔵　一七七一年生。江戸後期の探検家・書誌学者。幕府の命を受けて、北蝦夷・千島列島を五回探査した。一八二九年没。
（18）間宮林蔵　一七七五年生。江戸後期の探検家・幕府隠密。伊能忠敬に測量術を学び、幕府の命によって北樺太を探検。一八〇九年、後の間宮海峡を発見。一八四四年没。
（19）ハート　Michael Hardt　一九六〇年生。デューク大学助教授。比較文学。ネグリに師事。著書『帝国』（ネグリと共著）ほか。
（20）ネグリ　Antonio Negri　一九三三年、イタリア生。政治哲学者。マルクス研究とスピノザ研究で注目を集める。七九年、赤い旅団による議員誘拐・殺害の実行犯の一人として逮捕。八三年、国会議員に当選。議員不逮捕特権により出獄後、フランスに亡命。九七年にイタリアに帰国。著書『帝国』（ハートと共著）ほか。

▼終章

（1）ヘッジファンド　hedge fund　ヘッジ（リスクを軽減させること）という名がついているが、広く大衆から資金を集める銀行や投資信託と違い、少数の投資家から大口の資金を集め、規制対象外の特権を生かし、ハイリスク・ハイリターンの投資や運用を繰り返す金融機関のこと。

（2）ジョージ・ソロス　George Soros　一九三〇年、ハンガリー生。投機家。六九年、ヘッジファンドのクオンタム・ファンドを設立。ニューヨークの錬金術師といわれる。著書『グローバル資本主義の危機』ほか。

（3）皇室典範　皇位継承その他、皇室に関係ある事項を規定する法律。一八八九年制定の旧法は、大日本帝国憲法と並んで日本の成文憲法としての性格を備えていたが、一九四七年制定の現行の皇室典範は通常の法律で、内容も簡略化されている。

（4）ピエール・ノラ　Pierre Nora　一九三一年、フランス生。パリの社会科学高等研究院教授。歴史学。著書 Les lieux de memoire Paris ほか。

▼あとがき

（1）ケインズ主義　ケインズの『雇用、利子および貨幣の一般理論』を通じて明らかにされたマクロ経済学的な総需要管理の考え方にもとづいて、政府主導の経済活動を唱える思想・政策の一連の体系。自由放任説と対抗。

（2）ニューライト　new right　七〇〜八〇年代以降のイギリスやアメリカなどでのネオ・リベラリズムの台頭と結びついた思想や運動。主に、全般的に保守化した体制のなかで、自由主義的市場原理、法と秩序、妊娠中絶反対、警察や両親の権威の復活など、様々な個別問題を掲げて活動する勢力グループを指す。

推薦図書、厳選二十一冊！

▼姜尚中推薦

『［増補］現代政治の思想と行動』丸山真男（未來社、1964）
『ナショナリズム―その神話と論理』橋川文三（紀伊國屋新書、1994）
『人種・国民・階級―揺らぐアイデンティティ』Ｅ・バリバール、Ｉ・ウォーラーステイン　若森章孝、岡田光正、須田文明、奥西達也訳（大村書店、1997）
『ナショナリズムの生命力』A・D・スミス　高柳先男訳（晶文社、1998）
『辺境から眺める―アイヌが経験する近代』Ｔ・モーリス＝スズキ　大川正彦訳（みすず書房、2000）
『民族とナショナリズム』E・ゲルナー　加藤節監訳（岩波書店、2000）
『ナショナリズムの歴史と現在』Ｅ・Ｊ・ホブズボーム　浜林正夫、嶋田耕也、庄司信訳（大月書店、2001）

▼森巣博推薦

『日本思想という問題―翻訳と主体』酒井直樹（岩波書店、1997）
『［増補］想像の共同体―ナショナリズムの起源と流行』Ｂ・アンダーソン　白石さや、白石隆訳（ＮＴＴ出版、1997）
『ナショナリズムとジェンダー』上野千鶴子（青土社、1998）
『ナショナル・ヒストリーを超えて』小森陽一、高橋哲哉編（東京大学出版会、1998）
『「日本」とは何か―日本の歴史 00』網野善彦（講談社、2000年）
『［増補］国境の越え方―国民国家論序説』西川長夫（平凡社ライブラリー、2001）
『暴力の予感―伊波普猷における危機の問題』冨山一郎（岩波書店、2002）
『グローバリゼーションとは何か―液状化する世界を読み解く』伊豫谷登士翁（平凡社新書、2002）

▼編集部推薦

『オリエンタリズムの彼方へ―近代文化批判』姜尚中（岩波書店、1996）
『グローバル化の遠近法―新しい公共空間を求めて』姜尚中、吉見俊哉（岩波書店、2001）
『ナショナリズム』姜尚中（岩波書店、2001）
『無境界の人』森巣博（集英社文庫、2002）
『越境者たち』森巣博（扶桑社、2002）
『無境界家族』森巣博（集英社文庫、2002）

姜尚中（カン サンジュン）

一九五〇年生まれ。東京大学社会情報研究所教授。専攻は政治学・政治思想史。著書に『オリエンタリズムの彼方へ』『ナショナリズム』ほか。

森巣 博（もりす ひろし）

一九四八年生まれ。オーストラリア在住の国際的博奕打ちにして、ジャンル横断的な異色の作家。著書に『無境界の人』『無境界家族』『越境者たち』ほか。

ナショナリズムの克服《こくふく》

二〇〇二年一一月二〇日 第一刷発行

集英社新書〇一六七C

著者……姜尚中《カンサンジュン》・森《もり》巣《す》 博《ひろし》

発行者……谷山尚義

発行所……株式会社集英社

東京都千代田区一ツ橋二-五-一〇 郵便番号一〇一-八〇五〇

電話 〇三-三二三〇-六三九一（編集部）
〇三-三二三〇-六三九三（販売部）
〇三-三二三〇-六〇八〇（制作部）

装幀……原 研哉

印刷所……凸版印刷株式会社

製本所……加藤製本株式会社

定価はカバーに表示してあります。

ISBN 4-08-720167-8 C0210